Hermann Schmid

Lingua Latina »ex efef«
(e forma – e functione)

Intensivkurs Latinum

Lehr- und Arbeitsbuch

Ernst Klett Schulbuchverlag Leipzig

Leipzig   Stuttgart   Düsseldorf

Lingua Latina »ex efef«
(e forma – e functione)

Intensivkurs Latinum
für Universitäten, Volkshochschule und sonstige Kurse

von OStD Hermann Schmid, Leonberg

Der Lehrgang besteht aus:

Lehr- und Arbeitsbuch	(Klettbuch 62511)
Wortverzeichnis	(Klettbuch 62515)
Lektüreheft Caesar	(Klettbuch 62512)
Lektüreheft Cicero	(Klettbuch 62513)
Abecedarium – Lexikon-Grammatik Latein	(Klettbuch 62514)

1. Auflage   1 14 13 12 11 10 | 2012 2011 2010 2009 2008

Alle Drucke dieser Auflage können im Unterricht nebeneinander benutzt werden, sie sind untereinander unverändert. Die letzte Zahl bezeichnet das Jahr dieses Druckes.
© Ernst Klett Schulbuchverlag Leipzig GmbH, Leipzig 1993. Alle Rechte vorbehalten.
Internetadresse: http://www.klett.de

Umschlag: Manfred Muraro, Stuttgart
Satz: DTP Page-Maker
Druck: Gutmann + Co. GmbH, Talheim

ISBN 3-12-625110-2

Inhalt

3

Das Lehrwerk „Lingua Latina ex efef" als Kompaktkurs zum Latinum umfaßt fünf getrennte Bücher bzw. Hefte: Lehrbuch mit Grammatikdurchgang, Lektürehefte, Lexikon-Grammatik und Wortverzeichnis.

Lehrbuch: Das vorliegende Lehrbuch behandelt in gedrängter Form die für eine Caesar- und Cicero-Lektüre wichtigen grammatischen Erscheinungen der lateinischen Sprache. Es will gezielt auf eine Prüfung zum Latinum vorbereiten. Im Hinblick auf dieses angestrebte Ziel wird daher auf manches verzichtet, was bei einem ausführlichen Lehrgang der lateinischen Sprache behandelt werden müßte. Das Lehrbuch bietet noch einen besonderen „Service": es enthält „freie" Seiten, so daß es auch als Heft für die Übungssätze der einzelnen Lektionen benützt werden kann.

Der Aufbau der insgesamt 30 Lektionen ist meist so, daß grammatische Erscheinungen zunächst in der nötigen Kürze, soweit dies für das Verständnis des jeweiligen Unterrichtsstoffs erforderlich ist, vorgestellt und erläutert werden. Eine Möglichkeit zur ausführlichen Vertiefung des behandelten Inhalts bzw. zu dessen Wiederholung bietet die Lexikon-Grammatik, auf deren Kapitel jeweils zu Beginn einer neuen Lektion hingewiesen wird (im Inhaltsbalken oben rechts). Das Lehrbuch führt auf jeder Seite parallel zu den Beispiel- und Übungssätzen die Vokabeln an, die in dieser Lektion neu sind: ein Umblättern in ein gesondertes Wortverzeichnis entfällt dadurch. Wo noch Platz vorhanden, werden sogar als Hilfestellung bereits gelernte Wörter nochmals angeführt. Zum Nachschlagen bereits behandelter, gelernter, aber wieder vergessener Vokabeln dient das gesonderte Wortverzeichnis, das alle im Grammatik-Teil vorkommenden Wörter erfaßt.

Die einzelnen Lektionen enthalten ausreichend viele Beispiel- und Übungssätze, meist Original-Sätze oder leicht veränderte Sätze aus Caesars und Ciceros Werken. Je nach gezielter Vorbereitung auf eine Caesar- oder Cicero-Prüfung können daher jeweils entsprechende Cicero-Sätze weggelassen (Nummern kursiv gedruckt) werden. Bewußt wird auf Lesestücke verzichtet, die nach Ansicht des Verfassers eine schnelle Hinführung zum angestrebten Ziel behindern.

Um mit der ersten Original-Lektüre zu beginnen, müssen nicht alle Lektionen des Grammatik-Teils aus-führlich behandelt worden sein. Es ist denkbar und möglich, je nach eigenem Belieben bereits nach Lektion 18, 19 oder 20 parallel mit Original-Texten zu beginnen. Die Behandlung der letzten 10 Lektionen läßt sich mühelos und ohne Auswirkung kürzen bzw. kann unter Umständen sogar ganz wegfallen (z. B. die Lektionen 26: Pronomina-Zusammenfassung, 27: Übungssätze zur Kasuslehre, 28: Relativsätze).

Lektürehefte: Die Originaltexte aus Caesars und Ciceros Werken sowie die Prüfungstexte bieten einen weiteren benutzerfreundlichen „Service": die Wortangaben direkt neben dem Text enthalten alle Vokabeln, die im Lektüre-Text dieser Seite bzw. in den Prüfungstexten vorkommen, soweit sie nicht im gesonderten „Wortverzeichnis" enthalten sind. Die Wortangaben ermöglichen also den Verzicht auf weitere Hilfsmittel, etwa die Benützung eines Lexikons. Dennoch empfiehlt es sich bei den Prüfungstexten, zur Vorbereitung auf die Prüfungs-Situation, nicht auf die angegebenen Vokabeln zurückzugreifen, sondern den Gebrauch eines Lexikons einzuüben.

Die Prüfungstexte entsprechen nach Umfang und Schwierigkeitsgrad den üblichen Prüfungsanforderungen.

In der Regel stehen zu ihrer Bewältigung dem Prüfling insgesamt 3 Stunden = 180 Minuten zur Verfügung.

Das Heft enthält auch Daten zu Leben und Werk Caesars und Ciceros sowie zur römischen Geschichte.

Lexikon-Grammatik: Die Lexikon-Grammatik ist als Begleitgrammatik zum Lehrbuch gedacht, kann aber auch unabhängig davon im Unterricht benützt werden. Das Besondere daran ist: die grammatischen Erscheinungen sind nicht nach Sachgruppen gegliedert, sondern werden für ein problemloses und schnelleres Auffinden der sprachlichen Phänomene der lateinischen Sprache alphabetisch aneinandergereiht.

Wortverzeichnis: Enthält alle im Lehrbuch vorkommenden Vokabeln in alphabetischer Reihenfolge.

Der Verfasser wünscht den Benützern, Lehrenden wie Lernenden, bei allem „Pauken" viel Freude und Erfolg.

Wörter zum Erraten

flámma	theátrum	pálma
násus	stráta	áger
fundaméntum	fábula	tábula
fenéstra	aréna	béstia
fériae	féstum	témplum
títulus	ínsula	línea
família	lílium	píla
rósa	fórma	glóbus
pórta	glória	óleum
pópulus	fórum	vállum
nébula	natúra	múrus
númerus	régula	instruméntum
rárus, a, um	púrus, a, um	fírmus, a, um
robústus, a, um	fálsus, a, um	prímus, a, um
parére	apportáre	habére
círcus	cáseus	exercére
iubilaeum	ius	iócus
áqua	antíquus, a, um	stúdium
nátio	patiéntia	prétium
véntus	visitáre	província

Prinzip der Verbformenbildung: Stamm + Zwischenelement (+ Aussprechvokal) + Personenzeichen

➤ **Stamm:** Präsensstamm

➤ **Zwischenelemente:** Präsens: entfällt
Imperfekt: **-ba-** bzw. **-eba-**

➤ **Personenzeichen:**

	ich	du	er, sie, es	wir	ihr	sie
Aktiv:	**-o / -m**	**-s**	**-t**	**-mus**	**-tis**	**-nt**
Passiv:	**-or / -r**	**-ris**	**-tur**	**-mur**	**-mini**	**-ntur**

➤ **Aussprechvokale:** **-i-** oder **-e-** oder **-u-**

➤ **Tempora und ihre Verwendung:** siehe dazu Lexikon-Grammatik ➙ T 91

➤ **e-Verben: vidére – vídeo (Präsensstamm: vide-): sehen**

vidémus ⇨ videbántur ⇨
vidébar ⇨ vidétis ⇨
vidébant ⇨ vídeor ⇨

➤ **a-Verben: vocáre – vóco (Präsensstamm: voca-): rufen**

vocántur ⇨ vocábas ⇨
vocabámur ⇨ vocámini ⇨
vocabátur ⇨ vócat ⇨

➤ **konsonantische Verben: régere – régo (Präsensstamm: reg-): lenken**

régor ⇨ régimus ⇨
regúntur ⇨ regebántur ⇨
régeris ⇨ regebátis ⇨

➤ **i-Verben: audíre – aúdio (Präsensstamm: audi-): hören**

audítis ⇨ aúdior ⇨
audímur ⇨ audiebátur ⇨
audiébant ⇨ aúdiunt ⇨

➤ **Misch-Verben: cápere – cápio (Präsensstamm: cap[i]-): fassen**

cápiunt ⇨ capiebáris ⇨
cápitis ⇨ cápimur ⇨
capiebátur ⇨ cáperis ⇨

Lingua Latina

Indikativ Präsens / Imperfekt (Aktiv und Passiv)
→ B 20   → I 47   → V 98   → S 85
→ Z 102   → A 18   → P 74

Lectio 2

ex efef

7

a-Verben: liberáre – líbero: befreien   adiuváre – ádiuvo: unterstützen
laudáre – láudo: loben   dáre – dó: geben

e-Verben: ridére – rídeo: lachen, verlachen   docére – dóceo: lehren, unterrichten
monére – móneo: (er-)mahnen   de   lére – déleo: zerstören

kons. Verben: ascéndere – ascéndo: besteigen   relínquere – relínquo: zurücklassen, verlassen
deféndere – deféndo: verteidigen   divídere – dívido: teilen

Misch-Verben: erípere – erípio: entreißen   fácere – fácio: machen, tun
cúpere – cúpio: wünschen   rápere – rápio: rauben

i-Verben: muníre – múnio: befestigen   vincíre – víncio: fesseln
aperíre – apério: öffnen   finíre – fínio: beenden

1. liberabar ⇨	2. ridetis ⇨
3. ascendebas ⇨	4. eripiunt ⇨
5. aperitur ⇨	6. laudamini ⇨
7. monebant ⇨	8. defenduntur ⇨
9. cupimus ⇨	10. muniebant ⇨
11. adiuvamini ⇨	12. doceris ⇨
13. relinquunt ⇨	14. faciebamus ⇨
15. vinciebat ⇨	16. dabam ⇨
17. delebatur ⇨	18. dividebas ⇨
19. rapiunt ⇨	20. finiebamus ⇨
21. liberamini ⇨	22. rides ⇨
23. ascenditis ⇨	24. eriperis ⇨
25. aperio ⇨	26. laudabamus ⇨
27. monetur ⇨	28. defendis ⇨
29. cupiebam ⇨	30. munitur ⇨
31. adiuvor ⇨	32. docebatis ⇨
33. relinquebas ⇨	34. faciunt ⇨
35. vinciris ⇨	36. dant ⇨
37. deletis ⇨	38. dividunt ⇨
39. rapiebatur ⇨	40. finis ⇨
41. liberant ⇨	42. ridebatur ⇨
43. ascendunt ⇨	44. eripiebam ⇨
45. aperiebas ⇨	46. laudatis ⇨
47. monebantur ⇨	48. defendebat ⇨
49. cupit ⇨	50. munio ⇨
51. adiuvabas ⇨	52. docent ⇨
53. relinquitur ⇨	54. faciebat ⇨
55. vincimus ⇨	56. datur ⇨
57. delebant ⇨	58. dividit ⇨
59. rapitis ⇨	60. finiunt ⇨

Formenbildung: Perfektstamm statt Präsensstamm + Zwischenelement + Personenzeichen

➤ **Perfektstamm:** der gegenüber dem Präsensstamm veränderte Perfektstamm wird beim Verb mit angegeben

➤ **Zwischenelemente:**
Perfekt: entfällt
Plusquamperfekt: **-era-**

➤ **Personenzeichen:** im Perfekt eigene Zeichen:

	ich	du	er, sie, es	wir	ihr	sie
	-i	**-isti**	**-it**	**-imus**	**-istis**	**-erunt**

➤ **vidére – vídeo – vídi (Perfektstamm: vid-): sehen**
terrére – térreo – térrui (Perfektstamm: terru-): erschrecken

vidimus	⇨	viderant	⇨
videtis	⇨	terruit	⇨
terrueras	⇨	terretis	⇨

➤ **vocáre – vóco – vocávi (Perfektstamm: vocav-): rufen**
domáre – dómo – dómui (Perfektstamm: domu-): zähmen, bezwingen

vocavimus	⇨	vocaveram	⇨
vocabat	⇨	domaris	⇨
domuimus	⇨	domatis	⇨

➤ **régere – régo – réxi (Perfektstamm: rex-): lenken**
incólere – incólo – incólui (Perfektstamm: incolu-): wohnen, bewohnen

rexit	⇨	regimus	⇨
rexeram	⇨	incolunt	⇨
incoluit	⇨	incoluerant	⇨

➤ **audíre – aúdio – audívi (Perfektstamm: audiv-): hören**
veníre – vénio – véni (Perfektstamm: ven-): kommen

auditis	⇨	audivimus	⇨
audiveram	⇨	venis	⇨
venistis	⇨	venerat	⇨

➤ **cápere – cápio – cépi (Perfektstamm: cep-): fassen**
iácere – iácio – iéci (Perfektstamm: iec-): werfen

cepit	⇨	capimus	⇨
capiunt	⇨	iacimus	⇨
iecit	⇨	iecerunt	⇨

Lingua Latina

Indikativ Perfekt / Plusquamperfekt (Aktiv)
➤ B 20   ➤ I 47   ➤ V 98   ➤ S 85
➤ Z 102   ➤ A 18   ➤ P 74   ➤ P 72

Lectio 3

ex efef

9

Hinweis: Der Perfektstamm kann sich gegenüber dem Präsensstamm auf verschiedene Weise verändern: siehe dazu Lexikon-Grammatik ➤ P 72.
Viele Verben der a-Konjugation bilden ihren Perfektstamm auf -avi, viele Verben der i-Konjugation auf -ivi. Bei solchen Verben (im Deutschen würde man sie als „schwache Verben" bezeichnen) ist in den folgenden Lektionen die Perfektbildung nicht extra erwähnt.

liberáre – líbero – liberávi: befreien
laudáre – láudo – laudávi: loben
ridére – rídeo – rísi: lachen, verlachen
monére – móneo – mónui: mahnen, ermahnen
ascéndere – ascéndo – ascéndi: besteigen
deféndere – deféndo – deféndi: verteidigen
erípere – erípio – erípui: entreißen
cúpere – cúpio – cupívi: wünschen
muníre – múnio – munívi: befestigen
aperíre – apério – apérui: öffnen

adiuváre – adiúvo – adiúvi: unterstützen
dáre – dó – dédi: geben
docére – dóceo – dócui: lehren, unterrichten
delére – déleo – delévi: zerstören
relínquere – relínquo – relíqui: zurücklassen, verlassen
divídere – dívido – divísi: teilen
fácere – fácio – féci: machen, tun
rápere – rápio – rápui: rauben
vincíre – víncio – vínxi: fesseln
finíre – fínio – finívi: beenden

1. liberavit ⇨		2. risistis ⇨	
3. ascendit ⇨		4. eripuimus ⇨	
5. aperuerat ⇨		6. laudaveras ⇨	
7. monuerunt ⇨		8. defendis ⇨	
9. cupit ⇨		10. muniverant ⇨	
11. adiuvimus ⇨		12. docent ⇨	
13. relinquis ⇨		14. feceramus ⇨	
15. vinxerat ⇨		16. dedistis ⇨	
17. delebat ⇨		18. divisit ⇨	
19. rapui ⇨		20. finivimus ⇨	
21. liberaveram ⇨		22. ridemus ⇨	
23. ascendistis ⇨		24. eripueras ⇨	
25. aperimus ⇨		26. laudas ⇨	
27. monuit ⇨		28. defendistis ⇨	
29. cupiverat ⇨		30. munit ⇨	
31. adiuvat ⇨		32. docetis ⇨	
33. relinquebas ⇨		34. fecisti ⇨	
35. vinximus ⇨		36. dederam ⇨	
37. delevi ⇨		38. dividimus ⇨	
39. rapit ⇨		40. finitis ⇨	
41. liberavisti ⇨		42. ridetur ⇨	
43. ascenderat ⇨		44. eripitur ⇨	
45. aperuit ⇨		46. laudavit ⇨	
47. monentur ⇨		48. defendimus ⇨	
49. cupit ⇨		50. muniverunt ⇨	
51. adiuvabas ⇨		52. docuerunt ⇨	
53. relinquitur ⇨		54. faciebam ⇨	
55. vincitis ⇨		56. dederunt ⇨	
57. deleverant ⇨		58. diviserat ⇨	
59. rapuistis ⇨		60. finivit ⇨	

➤ **These:** Die Summe der Einzelteile ergibt noch kein Ganzes = eine Aneinanderreihung von Einzelwörtern ergibt noch keinen Satz, d. h. noch keine sinnvolle Information.

➤ **Beweis:** Bauer   Sohn   Nachbar   Freund   vorstellen

➤ **Die Kasus helfen, eine bedeutungsmäßige Ordnung im Satz sichtbar zu machen, d. h. aus Einzelwörtern eine Information herzustellen. Die Stellung des Einzelwortes innerhalb des Satzganzen ist dabei ohne Bedeutung für die Sinnbeziehung, entscheidend ist das Funktions-Signal, das der jeweilige Kasus darstellt.**

Beispiele: **Der** Bauer stellt ... vor   ⇨   **der** Bauer (= Nominativ) signalisiert, daß der Bauer die handelnde Person ist

Des Bauern Sohn stellt ... vor   ⇨   **des** Bauern (= Genitiv) signalisiert die Zugehörigkeit des Sohnes zum Bauern

Dem Bauern stellt ... vor   ⇨   **dem** Bauern (= Dativ) signalisiert, daß es der Bauer ist, dem jemand vorgestellt wird

Den Bauern stellt ... vor   ⇨   **den** Bauern (= Akkusativ) signalisiert, daß es der Bauer ist, den jemand vorstellt

➤ **„Thema mit Variationen":**

Bauer	Sohn	Nachbar	Freund	vorstellen
rusticus	filius	vicinus	amicus	commendare

Rusticus filio vicini amicum commendat.

Rustici filium vicinus amico commendat.

Rustico filius vicinum amici commendat.

Rusticum filii vicino amicus commendat.

(Hinweis: -us = Nominativ-Endung   -i = Genitiv-Endung   -o = Dativ-Endung   -um = Akkusativ-Endung)

➤ **Funktionen der lateinischen Kasus:**

Jeder lateinische Kasus hat eine oder mehrere Grundfunktionen. Es ist empfehlenswert, diese jeweilige Grundfunktion zunächst immer durch eine gleichbleibende, „struktur-adäquate" (= der lateinischen Funktions-Struktur angepaßte) deutsche Übersetzung dem inhaltlichen Sinn nach zu erfassen und sich dann in einem zweiten Schritt eine „funktions-adäquate" (= der deutschen Funktions-Struktur entsprechende) Übersetzung zu überlegen.

➤ **Funktionen der Kasus und ihre Umsetzung in die deutsche Sprache**

	Funktion des Kasus	struktur-adäquate Übersetzung	funktions-adäquate Übersetzung
Nominativ	„Nennkasus"	Nominativ = nennt das Subjekt oder hat etwas mit dem Subjekt zu tun **rusticus** ... commendat: Pomponius **rusticus** est:	entspricht der struktur-adäquaten Übersetzung: **der Bauer** stellt vor (rusticus ist Subjekt) Pomponius **ist Bauer** (rusticus „hat mit dem Subjekt zu tun")
Genitiv	Kasus des Bereichs	Genitiv oder mit der Wendung „im Bereich von ...", „im Zusammenhang mit ..." Iniuria **Romanorum:** das Unrecht der Römer, im Zusammenhang mit den R. cives **Romae:**	Genitiv oder funktionsgerechte Präposition: das Unrecht **der** Römer, oder: das Unrecht **an den** Römern die Bürger **Roms** oder: die Bürger **von Rom**
Dativ	Kasus des „mitbetroffenen Objekts", des Zwecks, der Wirkung (s. Anmerkung unten)	Dativ oder mit den Präpositionen „für ..." oder „zu ..." **rustico** commendatur: **rustico** constat: **auxilio** venimus:	entspricht der struktur-adäquaten Übersetzung: **dem Bauern** wird vorgestellt **für den Bauern** steht fest ... wir kommen **zu Hilfe**
Akkusativ	Kasus des „direkt betroffenen Objekts", des Ziels, der Richtung, der zeitlichen räumlichen Ausdehnung (s. Anmerkung unten)	Akkusativ (s. Anmerkung unten) **rusticum** videmus: **unum diem** afui: **unum passum** abest:	entspricht der struktur-adäquaten Übersetzung: wir sehen **den Bauern** ich war **einen Tag** weg er steht **einen Schritt** entfernt
Ablativ	① Kasus des Zeitpunkts (des Orts: s. Lektion 27)	entsprechend der Frage „wann?" **vicesimo saeculo:** **primo die:**	funktionsgerechte Präposition: **im** 20. Jahrhundert **am** ersten Tag
	② Kasus des Ausgangspunkts einer Trennung (Separativ)	entsprechend der Frage „von wo aus? von wo weg?" **periculo** liberare: **aditu** prohibere: **metu** liber:	funktionsgerechte Präposition: **aus** der Gefahr befreien **an** dem Zugang hindern frei **von** Angst
	③ Kasus des Hilfsmittels / Begleitumstands (Instrumentalis / Sociativus) (s. Anmerkung unten)	Präpositionen „durch ..." oder „mit ...": **verbo** violare (**durch ...**): **oculis** cognoscere (**mit ...**): homo **ea prudentia** (**mit ...**): **lacrimis** dicere (**mit ...**): **aestu** fatigatus (**durch ...**): **sapientia** superare (**durch / mit ...**):	funktionsgerechte Präposition: **durch** ein Wort verletzen **mit** den Augen erkennen ein Mensch **von** der Klugheit **unter** Tränen sprechen **aufgrund** der Hitze ermattet **an** Weisheit übertreffen

➤ **Anmerkung:**
Bei manchen Verben ist die Kasus-Auffassung im Lateinischen eine andere als im Deutschen: z. B.
„schonen": im Deutschen „wen schonen", also *Akkusativ*, im Lateinischen parcere – parco mit *Dativ*;
„gleichkommen": im Deutschen „wem gleichkommen", also *Dativ*, im Lateinischen adaequare mit *Akkusativ*;
„benützen": im Deutschen „wen benützen", also *Akkusativ*, im Lateinischen uti – utor mit *Ablativ*.

➤ Die o-Deklination

murus, muri m.: die Mauer, eine Mauer
ager, agri m.: der (ein) Acker, das (ein) Feld

Singular		Plural
mur-us	Nom	**mur-i**
mur-i	Gen	**mur-orum**
mur-o	Dat	**mur-is**
mur-um	Akk	**mur-os**
mur-o	Abl	**mur-is**

verbum, verbi n.: das Wort, ein Wort
(Abweichende Formen nur im Nominativ und Akkusativ)

verb-um	Nom	**verb-a**
verb-um	Akk	**verb-a**

---

1. Servus amico domini nuntium apportavit.

2. Muris Romani appropinquaverunt.

3. Muros oppidi adversarii ascenderant.

4. Romani gladiis et scutis pugnabant.
   Gladios et scuta nominabant arma.

5. Auxilia castris praesidio relinquebantur.

6. Adversarii oppido expelluntur.

7. Amico auxilio venistis.

8. Etiam verbis laedimus. Et arma et verba laedunt.

9. Helvetii oppida finitimorum expugnaverunt.

10. Galli agros peragrant. Agris expelluntur.

11. Vesperi castra collocabantur.

12. Servi liberos Romanorum educabant.

13. Autumno mala carpuntur. Mala carpimus.

14. Libri liberis placent. Liberi libris delectantur.

15. Romani deos adorabant. Deis immolabant.

16. Periculum amico imminuerat.
    Periculo eum liberavimus.
    Periculo evasit.

---

1. **servus:** Sklave   **amicus:** Freund
   dominus: Herr   **nuntius:** Bote, Botschaft
   apportare: bringen

2. **Romanus:** Römer
   appropinquare: sich nähern

3. **oppidum:** Stadt
   adversarius: Feind

4. **gladius:** Schwert   **et:** und
   scutum: Schild   **pugnare:** kämpfen
   nominare: nennen   **arma, orum:** Waffen

5. **auxilium:** Hilfe   **auxilia:** Hilfstruppen
   castra, orum: Lager   **praesidium:** Schutz

6. **expellere:** vertreiben
   (expello–expuli)

7. **venire:** kommen
   (venio–veni)

8. **laedere:** verletzen   **etiam:** auch, sogar
   (laedo–laesi)   **et – et:** sowohl – als auch

9. **Helvetii:** die Helvetier   **finitimus:** Grenznachbar
   expugnare: erobern

10. **Galli:** die Gallier   **expellere:** vertreiben
    peragrare: durchstreifen   (expello–expuli)

11. **vesperi:** am Abend   (**vesper, vesperi:** Abend)
    collocare: aufschlagen

12. **liberi, orum:** Kinder
    educare: erziehen

13. **autumnus:** Herbst   **malum:** Apfel
    carpere: pflücken
    (carpo–carpsi)

14. **liber, libri:** Buch   **placere:** gefallen
    delectare: erfreuen   (placeo–placui)

15. **deus:** Gott   **adorare:** anbeten
    immolare: opfern

16. **periculum:** Gefahr   **imminere:** drohen
    eum: ihn   (immineo–imminui)
    evadere: entkommen
    (evado–evasi)

„Übersetzungstechnik" (funktional-adäquate) für die lateinischen Kasus (siehe dazu Seite 11)

Nominativ	Nominativ
Genitiv	Genitiv oder mit der Wendung „im Bereich von ...", „im Zusammenhang mit ..."
Dativ	Dativ oder mit den Präpositionen „für ..." oder „zu ..."
Akkusativ	Akkusativ

Ablativ .... „Testdurchlauf": a) Frage „wann?" – das im Ablativ stehende Wort muß etwas mit der Zeit zu tun haben: „Tag", „Jahr", „Monat", „Jahrhundert", „Herbst" etc...

b) Separativ? – muß „vorprogrammiert" sein durch Verb + Wort im Ablativ (Verb: befreien, Ablativ: Sorgen; Verb hindern, Ablativ: Zugang) Übersetzung hängt von den jeweiligen deutschen Erfordernissen ab: befreien **von** ... ; hindern **an** ...

wenn weder a) noch b), dann   c) Instrumentalis – Präpositionen „durch ..." oder „mit ..." (gegebenenfalls „unter ...")

➤ **Die a-Deklination**
via, viae f.: der Weg, ein Weg

Hinweis: Substantive der a-Deklination sind f.
(Ausnahme: biologisches Geschlecht, z. B.
poeta m.: der Dichter, ein Dichter)

Singular		Plural
vi-a	Nom	**vi-ae**
vi-ae	Gen	**vi-arum**
vi-ae	Dat	**vi-is**
vi-am	Akk	**vi-as**
vi-a	Abl	**vi-is**

1. Via peregrino ostenditur. Peregrini vias reperiunt.

2. Romani provincias defenderunt.

3. Romani castra vallo fossaque muniebant.

4. Incolas curis liberamus.

5. Liberi fabulis poetarum delectantur.

6. Poena iniuriae indicitur incolae.

7. Incolae provinciae lingua differebant.

8. Helvetii patriam relinquere in animo habebant.

9. Helvetii undique loci natura continentur.

10. Vitae, non scholae discimus.

11. Fabulae poetae puellae recitantur. Puellae placent.

12. Caesar Britanniam petere constituit. Copiae orae insulae iam appropinquabant. Sed incolae Britanniae copias insulam intrare prohibuerunt.

13. Bello Gallico incolae Britanniae Gallis auxilia miserunt.

14. Statuae deorum et dearum coronis ornabantur.

15. Memoria tenemus verba.

16. *Cicero*: Odio non moveor, sed misericordia.

17. Viam tridui copiae processerant.

18. Provinciae imperio populi Romani obtemperabant. Provinciis tributa imponebantur.

---

1. **peregrinus:** Fremder **ostendere:** zeigen
   reperire: finden (ostendo–ostendi)
   (reperio–repperi–repertum)

2. **provincia:** Provinz

3. **vallum:** Wall **-que** (angehängt): und
   fossa: Graben

4. **incola:** Einwohner
   cura: Sorge

5. **fabula:** Geschichte
   poeta: Dichter

6. **poena:** Strafe **iniuria:** Unrecht,
   indicere: verkünden Ungerechtigkeit
   (indico–indixi)

7. **lingua:** Zunge, Sprache
   differre: sich unterscheiden

8. **Helvetii:** die Helvetier **patria:** Vaterland
   in animo: im Sinn **habere:** haben
   (habeo–habui)

9. **undique:** von allen Seiten **natura:** Natur, natürliche
   locus: Ort, Platz, Stelle Beschaffenheit
   continere: einschließen (contineo–continui)

10. **vita:** Leben **non:** nicht
    schola: Schule **discere:** lernen
    (disco–didici)

11. **puella:** Mädchen **recitare:** vorlesen
    placere: gefallen
    (placeo–placui)

12. **constituere:** beschließen **petere:** erstreben
    (constituo–constitui) (peto–petivi)
    copiae: Truppen **ora:** Küste
    insula: Insel **iam:** schon
    sed: aber, sondern **prohibere:** hindern
    intrare: betreten (prohibeo–prohibui)

13. **bellum:** Krieg **bellum Gallicum:**
    mittere: schicken gallischer Krieg
    (mitto–misi)

14. **statua:** Statue **dea:** Göttin
    corona: Kranz **ornare:** schmücken

15. **memoria:** Gedächtnis **tenere:** halten
    (teneo–tenui)

16. **odium:** Haß **movere:** bewegen
    misericordia: Mitleid (moveo–movi)

17. **triduum:** drei Tage **procedere:** vorrücken
    (procedo–processi)

18. **imperium:** Herrschaft **obtemperare:** gehorchen
    populus: Volk **imponere:** auferlegen
    tributum: Abgabe (impono–imposui)

16

Lingua
Latina

**Lectio
5**

konsonantische Deklination
Misch-Deklination

ex
efef

➤ **Die konsonantische Deklination**
(Maskulina und Feminina)
lex, legis f.: Gesetz
homo, hominis m.: Mensch

Singular		Plural
lex	Nom	leg-es
leg-is	Gen	leg-um
leg-i	Dat	leg-ibus
leg-em	Akk	leg-es
leg-e	Abl	leg-ibus

ius, iuris n.: Recht
(vgl. Neutra der o-Deklination)

ius	Nom	iur-a
ius	Akk	iur-a

➤ **Die Misch-Deklination**
Abweichung von der konsonantischen Deklination im Genitiv Plural: **-ium** statt **-um**

➤ Substantive auf -es und auf -is, die ihre Silbenzahl nicht verändern: navis, navis f.: Schiff
clades, cladis f.: Niederlage

➤ Substantive, die vor der Genitiv-Endung 2 Konsonanten haben: mons, montis m.: Berg
urbs, urbis f.: Stadt

---

1. Lex obligat. Lege (legibus) obligamur.

2. Legem (leges) observamus.

3. Consules quotannis creabantur.

4. Plebs consules creabat.

5. Imperatori plebs honores tribuit.

6. Imperatoribus honores tribuebantur.

7. *Sallust:* Virtuti (hominum) omnia parent.

8. Scriptores mores maiorum laudabant.

9. Cicero orationem habuit.

10. Iudex ius dicit.

11. Ius (iura) non ignoro.

12. Tempora mutantur.

13. Reus capitis damnatur.

14. Altitudinem montis (montium) ignoramus.

---

1. **obligare:** binden, verpflichten

2. **observare:** beobachten, beachten

3. **consul, consulis m.:** Konsul
   quotannis (Adverb)**:** jährlich
   creare: wählen

4. **plebs, plebis f.:** Volk

5. **imperator, imperatoris m.:** Befehlshaber, Feldherr
   honor, honoris m.: Ehre, Ehrenamt
   tribuere: zuteilen (tribuo–tribui)

7. **virtus, virtutis f.:** Tüchtigkeit, Tapferkeit, Tugend
   omnia: alle Dinge
   parere: gehorchen (pareo–parui)

8. **scriptor, scriptoris m.:** Schriftsteller
   mos, moris m.: Sitte, Brauch (Plural: Charakter)
   maiores, maiorum m.: Vorfahren

9. **Cicero, Ciceronis:** Cicero (Konsul im Jahre 63 v. Chr.)
   oratio, orationis f.: Rede

10. **iudex, iudicis m.:** Richter
    dicere: sagen, sprechen (dico–dixi)

11. **ignorare:** nicht wissen, nicht kennen

12. **tempus, temporis n.:** Zeit
    mutare: ändern, verändern

13. **reus:** Angeklagter
    caput, capitis n.: Kopf, Hauptstadt
    damnare: verurteilen

14. **altitudo, altitudinis f.:** Höhe

Lingua
Latina

konsonantische und Misch-Deklination
→ S 88   → K 50   → K 57   → M 61

Lectio
5

ex
efef

17

15. Milites naves conscendunt.

16. Originem urbium saepe ignoramus.

17. Cives iniuria vexabantur. Iniuria civium vindicabatur.

18. Romani hostes pepulerunt. Nunc hostes salutem fuga petunt. Fuga hostium prohibetur.

19. *Cicero:* „Vitam, bona, coniuges liberosque civium conservavi. Catilina urbi, templis ignem circumdederat.

20. Hostis urbem reliquit, socii sceleris remanserunt.

21. Superiore nocte Catilina comites convocavit.

22. Catilina urbem et orbem terrae caede et incendiis vastare cupit.

23. Crescit numerus hostium. Urbem periculo civium liberare cupio.

24. Salutem civium non neglexi. Civibus consului.

25. Virtute gloriam peperi.

26. Duces belli comprehendi et morte multavi.

27. Senatores mente, voluntate, voce consentiunt.

28. Catilina patriam facibus et telis coniurationis obsederat.

29. Patria senatoribus vitam civium, arcem et Capitolium, aras Penatium, ignem Vestae, deorum templa, muros et tecta urbis commendat."

30. Consul periculum urbis cognoverat.

31. Consuli cives gratias egerunt.

32. Remissionem poenae, non severitatem animadversionis timet consul.

33. Senatores consulem adiuverunt.
    Senatores consules consuluerunt.

---

15. **miles, militis m.:** Soldat
    conscendere: besteigen (conscendo–conscendi)

16. **origo, originis f.:** Ursprung
    urbs, urbis f.: Stadt

17. **civis, civis m.:** Bürger
    vexare: quälen
    vindicare: bestrafen, rächen, befreien

18. **hostis, hostis m.:** Feind, Staatsfeind
    pellere: schlagen, vertreiben (pello–pepuli)
    nunc: nun, jetzt
    salus, salutis f.: Heil, Wohlergehen
    fuga: Flucht

19. **bona, orum:** Hab und Gut
    coniux, coniugis f.: Gattin, Ehefrau
    conservare: retten, bewahren
    templum: Tempel
    ignis, ignis m.: Feuer
    circumdare: „herumgeben" (circumdo–circumdedi)

20. **socius:** Bundesgenosse, Gefährte
    scelus, sceleris n.: Verbrechen
    remanere: zurückbleiben (remaneo–remansi)

21. **nox, noctis f.:** Nacht (superior nox: vergangene Nacht)
    comes, comitis m.: Begleiter, Gefährte
    convocare: zusammenrufen

22. **orbis, orbis m.:** Kreis (orbis terrae: Erdkreis)
    caedes, caedis f.: Mord, Ermordung
    incendium: Brand
    vastare: verwüsten

23. **crescere:** wachsen (cresco–crevi)
    numerus: Zahl

24. **neglegere:** vernachlässigen (neglego–neglexi)
    consulere (m. Dat.): sorgen für (consulo–consului)
            (m. Akk.): befragen, beraten, um Rat fragen

25. **gloria:** Ruhm
    parere: erzeugen, gewinnen (pario–peperi)

26. **dux, ducis m.:** Führer, Anführer
    comprehendere: ergreifen (-prehendo–prehendi)
    mors, mortis f.: Tod   **multare:** bestrafen

27. **senator, senatoris m.:** Senator
    mens, mentis f.: Verstand, Denken
    voluntas, voluntatis f.: Wille   **vox, vocis f.:** Stimme
    consentire: übereinstimmen (consentio–consensi)

28. **fax, facis f.:** Fackel   **telum:** Wurfgeschoß
    coniuratio, coniurationis f.: Verschwörung
    obsidere: belagern (obsideo–obsedi)

29. **arx, arcis f.:** Burg
    Capitolium: Kapitol
    ara: Altar   **Penates, Penatium:** Hausgötter
    Vesta: Vesta (Göttin des Herdfeuers)
    tectum: Dach
    commendare: anvertrauen

30. **cognoscere:** erkennen, erfahren
    (cognosco–cognovi)

31. **agere:** handeln, treiben, tun, verhandeln (ago–egi)
    gratias agere: Dank sagen

32. **remissio, remissionis f.:** Nachlaß
    severitas, severitatis f.: Strenge
    animadversio,-onis f.: gerichtliche Untersuchung
    timere: fürchten (timeo–timui)

Lingua
Latina

konsonantische und Misch-Deklination
→ S 88 → K 50 → K 57 → M 61

Lectio
5

ex
efef

19

➤ **Präpositionen:** Sie bilden eine untrennbare Einheit mit einem Nomen, dessen Kasus durch die Präposition vorgegeben ist

➤ **Subjunktionen:** Sie leiten einen Neben-Satz ein und stellen eine logische Sinn-Verbindung der Handlung des Neben-Satzes mit der Handlung des Haupt-Satzes her

➤ **esse – sum – fui:** **sein** (vgl. dazu Lexikon-Grammatik ➤ E 26)

---

1. Gallos ab Aquitanis Garunna flumen dividit.

2. Aquitania a Garunna flumine ad Pyrenaeos montes pertinet. Inter occasum solis et septentriones sita est (die „7 Dreschochsen" = der große Bär = Norden).

3. Helvetii putant: pro gloria belli atque fortitudinis angustos fines habemus.

4. Fortissimi Gallorum sunt Belgae. Trans Rhenum incolunt. Mercatores raro ad Belgas veniunt.

5. Helvetii cum Germanis cottidie fere contendunt, cum aut Germanos finibus prohibent aut in fines Germanorum invadunt et in finibus Germanorum bellum gerunt.

6. Coniuratio per indicium nuntiatur.

7. Post Orgetorigis mortem Helvetii tamen e finibus emigrant.

8. Milites, ubi id cognoverunt, tela in hostes iecerunt.

9. Quamquam hostes pacem petiverant, pugnare non desierunt.

10. Postquam id vidistis, revenistis.

11. Legati de pace venerunt.

12. Hostes bellum in hiemem perduxerunt.

13. Legati cum Caesare de deditione egerunt.

14. Dum spiramus, speramus.

15. Sine ira et studio

---

1. **a, ab (b. Abl.):** von, von ... weg
Aquitani: die Aquitanier; **Aquitania:** Aquitanien
flumen, fluminis n.: Fluß

2. **ad (b. Akk.):** zu, an, bei
pertinere: sich erstrecken (pertineo–pertinui)
inter (b. Akk.): unter, zwischen
sol, solis m.: Sonne (occasus solis: Sonnenuntergang)
sita est: ist gelegen

3. **putare:** meinen, glauben
pro (b. Abl.): für, im Vergleich zu   **atque:** und
fortitudo, fortitudinis f.: Tapferkeit
finis, finis m.: Grenze, Ende (Plural: Gebiet)
(angusti fines: viel zu enge Grenzen)

4. **fortissimi:** die tapfersten
Belgae: die Belger
trans (b. Akk.): jenseits, über ... hinüber
mercator, mercatoris m.: Kaufmann
raro (Adverb): selten

5. **cum (b. Abl.):** mit   **cottidie:** täglich
fere: beinahe, fast
contendere: eilen, kämpfen (contendo–contendi)
cum (Subjunktion): u. a. = indem; dadurch, daß
aut: oder (aut - aut: entweder - oder)
in (b. Akk.:wohin?; b. Abl.: wo?): in
invadere: eindringen (invado–invasi)
gerere: führen, ausführen (gero–gessi)

6. **per (b. Akk.):** durch
indicium: Anzeige, Verrat
nuntiare: melden

7. **post (b. Akk.):** hinter, nach
Orgetorix, Orgetorigis: Orgetorix (Fürst der Helvetier)
tamen: dennoch
emigrare: auswandern
e, ex (b. Abl.): aus, aus ... heraus

8. **ubi:** sobald
id: dieses
iacere: werfen (iacio–ieci)

9. **quamquam:** obwohl
pax, pacis f.: Friede
desinere: aufhören (desino–desii)

10. **postquam:** nachdem
revenire: zurückkommen (revenio–reveni)

11. **legatus:** Gesandter, Unterhändler; Legat
de (b. Abl.): „betreffs", von ... herab

12. **hiems, hiemis f.:** Winter
perducere: hinziehen (perduco–perduxi)

13. **deditio, deditionis f.:** Übergabe, Kapitulation

14. **dum:** während, solange
spirare: atmen
sperare: hoffen

15. **sine (b. Abl.):** ohne
ira: Zorn
studium: Eifer, eifrige Bemühung; Zuneigung

Lingua Latina

Präpositionen ➤ *P 76*
Subjunktionen ➤ *S 87*
Hilfsverb esse ➤ *E 26*

Lectio 6

ex efef

21

16. *Cicero:* „ In periculis vigilo ad salutem civium.
Intra muros urbis hostes sunt.
Quamdiu Catilina praesidiis consulum obsidetur,
periculum non est.

17. Quid exspectas, Catilina, si neque nox tenebris
consilia coniuratorum obscurare neque aedificium
parietibus voces coniurationis continere potest?

18. Hostes castra in faucibus Etruriae contra populum
collocaverunt.

19. Priore nocte coniuratores inter falcarios in
villam Laecae venerunt.

20. Catilina vivit, quod nondum coniuratores
comprehendere audeo.“

Hilfsverb esse:

21. Studiosi estis linguae Latinae.

22. Gallia est patria Gallorum.

23. Ultimi fueratis.

24. Erant omnino duo itinera.

25. Orgetorix princeps Helvetiorum fuit.

26. Quidquid id est, timeo Danaos, etisi dona apportant.

27. Gallia et Germania sunt terrae Europae.

28. Etiam liberi servorum servi esse debebant.

29. Cicero fuerat consul. In hostes animadverterat.

30. *Tacitus:* Germanis oppida non sunt. Incolunt,
ut lucus, ut fons placuit.

31. *Grabinschrift:* Cinis sum, cinis terra est, terra
dea est, ergo mortua non sum.

32. *Martial:* Non est vivere, sed valere vita.

33. Cogito, ergo sum.

---

16. **vigilare:** wachen, wachsam sein
intra (b. Akk.): innerhalb
quamdiu: solange
praesidium: Schutz, Schutzmaßnahme
quid?: was?

17. **exspectare:** warten auf, erwarten
si: wenn   **neque – neque:** weder – noch
tenebrae, arum: Dunkelheit
consilium: Rat, Plan, Beschluß
coniurator, coniuratoris m.: Verschwörer
obscurare: verdunkeln, geheimhalten
paries, parietis f.: Wand
potest: er, sie, es kann

18. **fauces, faucium f.:** Schluchten
contra (b. Akk.): gegen

19. **prior nox:** die vergangene Nacht
falcarii, orum: Sichelschmiede

20. **vivere:** leben (vivo–vixi)
quod: weil
nondum: noch nicht
audere: wagen (audeo)

21. **studiosus (m. Gen.):** eifrig, eifrig bemüht um
Substantiv: der Studierende

23. **ultimus:** der letzte

24. **omnino:** überhaupt
duo: zwei
iter, itineris n.: Reise, Weg, Marsch

25. **princeps, principis m.:** Fürst

26. **quidquid:** was auch immer
Danai: die Danaer = die Griechen
etsi: auch wenn   **donum:** Geschenk

27. **terra:** Erde, Land

28. **debere:** schulden, verdanken, müssen
(debeo–debui)

29. **animadvertere:** bemerken; einschreiten, vorgehen
(animadverto–animadverti)

30. **ut:** wie
lucus: Hain
fons, fontis m.: Quelle

31. **cinis, cineris m.:** Asche
ergo: also, folglich
mortua: eine Tote, tot

32. **valere:** gesund sein, stark sein, etwas vermögen
(valeo–valui)

33. **cogitare (m. Akk.):** denken, denken an

Präpositionen	→ P 76
Subjunktionen	→ S 87
Hilfsverb esse	→ E 26

Lingua Latina

Lectio 6

ex efef

23

➤ **Die e-Deklination**

res, rei f.: Sache
dies, diei m.: Tag

Singular		Plural
r-es	Nom	r-es
r-ei	Gen	r-erum
r-ei	Dat	r-ebus
r-em	Akk	r-es
r-e	Abl	r-ebus

1. Res publica est res populi.

2. Dies diem docet.

3. Nemo perniciei evasit.

4. Exitium rei (rerum) ignoramus.

5. Die festo (diebus festis) non laboratur.

6. Caesar in planitie aciem contra hostem instruxit.

7. Imperator acie excessit.

8. Cives a re publica defecerunt.

9. Galli numerum noctium nec dierum computabant.

10. Caesar decem diebus pontem fecit.

11. Consul rei publicae fidem servavit.

12. Spes victoriae milites fefellit. Spe deiciuntur.

13. Testimonium fidei attulistis.

---

1. **res publica:** „öffentliche Angelegenheit", Staat

2. **docere:** lehren, unterrichten (doceo–docui)

3. **nemo, neminis:** niemand
   pernicies, perniciei f.: Vernichten, Verderben

4. **exitium:** Ausgang

5. **dies festus:** Festtag, Feiertag
   laborare: arbeiten

6. **planities, planitiei f.:** Ebene
   acies, aciei f.: Schlachtreihe, Frontlinie, Schlacht
   contra (b. Akk.): gegen
   instruere: einrichten, aufstellen (instruo–instruxi)
7. **excedere:** herausgehen (excedo–excessi)

8. **deficere:** abfallen; schwinden (deficio–defeci)

9. **nec:** und nicht
   computare: zusammenrechnen

10. **decem:** zehn
    pons, pontis m.: Brücke

11. **fides, fidei f.:** Treue, Vertrauen, Glaubwürdigkeit
    servare: retten, bewahren

12. **spes, spei f.:** Hoffnung
    victoria: Sieg
    fallere: täuschen, betrügen (fallo–fefelli)
    deicere: herunterwerfen (deicio–deieci)
13. **testimonium:** Zeugnis, Beweis
    afferre: herbeibringen (affero–attuli)

➤ **Die u-Deklination**

portus, portus m.: Hafen
cornu, cornus n.: Horn, Flügel
[Dat. Sing.: cornu(i); Akk. Sing: cornu
Nom. und Akk. Pl.: cornua]

Singular		Plural
port-us	Nom	port-us
port-us	Gen	port-uum
port-ui	Dat	port-ibus
port-um	Akk	port-us
port-u	Abl	port-ibus

14. Exercitus portui appropinquat.

15. Impetu exercitus adversarii pelluntur.

16. Alae exercituum cornua appellabantur.

---

14. **exercitus, us m.:** Heer

15. **impetus, us m.:** Angriff, Ansturm

16. **ala:** Flügel
    appellare: anreden, nennen

17. Romani quotannis magistratus creabant.
Magistratus senatum consulebant.

17. magistratus, us m.: Magistrat (Beamter, Behörde
senatus, us m.: Senat (Rat der Alten)
consulere: beraten, um Rat fragen (consulo–consului)

18. Consilium senatus saepe neglegebatur.

18. saepe: oft
neglegere: vernachlässigen, nicht beachten
(neglego–neglexi)

19. Manus manum lavat.

19. manus, us f.: Hand, Handvoll, Schar
lavare: waschen (lavo–lavi)

20. Manu me defendi.

20. me: mich

21. A cornu impetus milites fecerunt.

22. Tumultu et sonitu terra adventus hostium
ante denuntiat.

22. tumultus, us m.: Tumult, Aufruhr
sonitus, us m.: Lärm, Getöse
adventus, us m.: Ankunft
ante (Adverb): vorher, früher
denuntiare: ankündigen

23. Caesar equos ex conspectu militum
removerat.

23. equus: Pferd
conspectus, us m.: Anblick
removere: entfernen, wegschaffen (removeo–removi)

24. Cives decreta magistratuum observare
debebant. Magistratibus obtemperabant.

24. decretum: Beschluß, Anordnung

25. neque – neque: weder – noch
metus, us m.: Angst, Furcht
dedere: hingeben, übergeben (dedo–dedidi)
nos: uns (Akk.)

25. Neque metui neque spei nos dedimus.

➤ **Die i-Deklination:** nur wenige Substantive

Einzelwörter: turris, turris f.: Turm
vis - vim - vi f.: Kraft, Gewalt
(Plural: vires, virium: die Kräfte)
sitis, sitis f.: Durst

Singular		Plural
turr-is	Nom	**turr-es**
turr-is	Gen	**turr-ium**
turr-i	Dat	**turr-ibus**
turr-im	Akk	**turr-es**
turr-i	Abl	**turr-ibus**

Neutra auf -ar, -e, -al („AREAL"-Wörter):
mare, maris n.: Meer
animal, animalis n.: Lebewesen
exemplar, exemplaris n.: Beispiel

mare	Nom	**mar-ia**
mare	Akk	**mar-ia**

---

26. Pericula maris (marium) Ulixem non terruerunt.
Mare (maria) non timuit.

26. Ulixes, Ulixis: Odysseus
terrere: erschrecken (terreo–terrui)

27. Siti vexamur. Sitim aqua explemus.

27. explere: ausfüllen, „stillen"
aqua: Wasser

28. Homines cetera animalia ratione antecedunt.

28. cetera: die übrigen
ratio, rationis f.: Vernunft, Verstand
antecedere: übertreffen (antecedo–antecessi)

29. Incolae turrim exstruxerunt. De turri desiluerunt.

29. exstruere: errichten (exstruo–exstruxi)
desilire: herunterspringen (desilio–desilui)

30. Vires hominem defecerunt.

30. deficere: schwinden, verlassen (deficio–defeci)

31. Exemplaria ante oculos habemus.

31. ante (b. Akk.): vor

➤ **Übungssätze zu den Deklinationen**

1. Galli lingua, institutis, legibus differebant.

   1. **institutum:** Einrichtung
      differre: sich unterscheiden

2. Helvetii Gallos virtute antecedunt.

3. Helvetii per fines Sequanorum iter faciunt.

   3. **Sequani:** die Sequaner (gallischer Volksstamm)

4. Orgetorix cupiditate regni inductus coniurationem nobilitatis facit.

   4. **cupiditas, cupiditatis f.:** Wunsch, Begierde, Gier
      regnum: Königsherrschaft, Königreich
      inductus: verleitet (inducere–induco: verleiten)
      nobilitas, nobilitatis f.: Adel

5. Helvetii pacem et amicitiam finitimorum confirmant.

   5. **confirmare:** festigen, stärken
      amicitia: Freundschaft

6. Helvetii duobus itineribus patriam relinquere poterant.

   6. **duobus:** Ablativ von duo (zwei)
      poterant: sie konnten

7. Principes hostium exercitum Romanorum crudelitatis arguebant.

   7. **crudelitas, crudelitatis f.:** Grausamkeit
      arguere: beschuldigen (arguo–argui)

8. Cicero coniurationem Catilinae patefecit. Orationem in senatu habuit.

   8. **patefacere:** öffnen, aufdecken (patefacio–patefeci)

9. Ti.Gracchus olim statum rei publicae mediocriter labefactaverat: P. Scipio privatus eum interfecit.

   9. **olim:** einst
      mediocriter: „ein bißchen"
      status, us m.: Stand, Zustand
      labefactare: ins Wanken bringen
      privatus: hier = als Privatmann
      interficere: töten (interficio–interfeci)   **eum:** ihn

10. Catilina orbem terrae caede atque incendiis vastare cupit: nos consules nihil agimus. Senatus consultum habemus.

    10. **nihil:** nichts
        nos: wir (Nom.)
        consultum: Beschluß

11. Non deest rei publicae consilium neque auctoritas senatus."

    11. **deesse:** fehlen, versagen (desum–defui)
        neque: und nicht, auch nicht
        auctoritas, auctoritatis f.: Macht, Einfluß, Ansehen

12. Cicero in Verrem dixit: „Nationum exterarum princeps Sicilia se ad amicitiam fidemque populi Romani applicavit. In Africam maiores e Sicilia gradum imperii fecerunt."

    12. **natio, nationis f.:** Volk, Nation
        exterae nationes: auswärtige Nationen
        princeps: hier = als erste
        se applicare: sich anschließen
        gradus, us m.: Schritt, Stufe

13. C. Verres in Sicilia sacra profanaque spoliavit. Nemini dubium est."

    13. **sacrum:** Heiligtum
        profana, orum: weltlicher Besitz
        spoliare: rauben, ausrauben
        dubium est: es ist zweifelhaft

14. Hostes ad urbes sedesque Gallorum penetraverunt.

    14. **sedes, sedis f.:** Sitz, Wohnsitz
        penetrare: vordringen, eindringen

15. Propter vim atque multitudinem gentium numquam imperatores cum omnibus dimicaverunt.

    15. **propter (b. Akk.):** wegen
        multitudo, multitudinis f.: Vielzahl, Menge
        gens, gentis f.: Volksstamm   **numquam:** niemals
        dimicare: kämpfen   **cum omnibus:** mit allen

16. Cicero magistratus legum ministros nominat, iudices interpretes legum.

    16. **minister, ministri:** Diener
        interpres, interpretis m.: Dolmetscher, Interpret

Lingua
Latina

Übungssätze zu den Deklinationen
→ D 23   → K 50

Lectio
7a

ex
efef

29

➤ Perfekt / Plusquamperfekt im Passiv

Die Formen sind zusammengesetzt aus dem Partizip der Vorzeitigkeit und Formen des Hilfsverbs esse.
Das Partizip der Vorzeitigkeit wird gelernt bei der Aufzählung der Stämme eines Verbs (= Stammreihe).

Stammreihe von: videre – video – vidi – visum: sehen   Partizip: visus, a, um: gesehen
agere – ago – egi – actum: treiben, handeln, tun   Partizip: actus, a, um: getan
(Standardstammreihe vieler a- und i-Verben: -avi und -atum bzw. -ivi und -itum; sie wird nicht extra aufgeführt)

➤ **Veränderung des Partizips:** Angleichung an das „Bezugswort", in diesem Falle an das Subjekt
Subjekt ist m.: Formen der **o-Deklination auf -us** (es erscheinen also die Endungen **-us** oder **-i**)
Subjekt ist f.: Formen der **a-Deklination** (es erscheinen also die Endungen **-a** oder **-ae**)
Subjekt ist n.: Formen der **o-Deklination auf -um** (es erscheinen also die Endungen **-um** oder **-a**)

---

1. Visus eras in urbe.

2. Moti sumus calamitate.

3. Ab amico adiuta eram.

4. Gallia est divisa in partes tres (drei).

5. Diu pugnatum est.

6. Obsides Caesari traditi erant.

7. Equi ex conspectu remoti sunt.

8. Scuta pilis transfixa erant.

9. Fuga hostium cognita est.

10. Eruptio facta erat.

11. Civitates pacatae sunt.

12. Conatus compressi erant.

13. Coniuratio patefacta est.

14. Imperatori proelium nuntiatum est.

15. Hostis loco motus erat, ex urbe expulsus.

16. Condiciones acceptae non sunt.

17. Urbs ab incolis defensa est.

18. Coniuratores comprehensi et interfecti sunt.

19. Saepe auditum et dictum erat.

---

1. **urbs, urbis f.:** Stadt

2. **movere:** bewegen (moveo–movi–motum)
   calamitas, calamitatis f.: Unglück

3. **adiuvare:** unterstützen (adiuvo–adiuvi–adiutum)

4. **dividere:** teilen (divido–divisi–divisum)
   pars, partis f.: Teil

5. **diu** (Adverb): lange
   pugnare: kämpfen

6. **tradere:** übergeben (trado–tradidi–traditum)
   obses, obsidis m.: Geisel

7. **removere:** entfernen (removeo–removi–remotum)

8. **transfigere:** durchbohren (transfigo–transfixi–transfixum)
   pilum: Wurfspeer

9. **cognoscere:** erkennen (cognosco–cognovi–cognitum)

10. **facere:** machen, tun (facio–feci–factum)
    eruptio, eruptionis f.: Ausbruch, Ausfall

11. **civitas, civitatis f.:** Bürgerschaft, Stamm
    pacare: befrieden

12. **conatus, us m.:** Versuch
    comprimere: unterdrücken, vereiteln, (-primo–pressi–pressum)

13. **patefacere:** öffnen, aufdecken
    (patefacio–patefeci–patefactum)

14. **proelium:** Kampf, Gefecht
    nuntiare: melden

15. **expellere:** vertreiben (expello–expuli–expulsum)

16. **condicio, condicionis f.:** Bedingung, Lage
    accipere: annehmen (accipio–accepi–acceptum)

17. **defendere:** verteidigen (defendo–defendi–defensum)

18. **comprehendere:** ergreifen (-prehendo–prehendi–prehensum)
    interficere: töten (interficio–interfeci–interfectum)

19. **dicere:** sagen (dico–dixi–dictum)

20. Pernicies comparata est.

21. Erepti (ereptae) estis e periculo.

22. Oppidum incendio deletum est.

23. *Cicero*: Gladii in rem publicam destricti erant.

24. Ignes urbi subiecti erant. Nunc restincti sunt.

25. Coacti eramus oppidum relinquere.

26. Cupitum est.

27. Milites e navibus expositi sunt.

20. **pernicies, perniciei f.:** Vernichten, Verderben
comparare: vorbereiten

21. **eripere:** entreißen (eripio–eripui–ereptum)

22. **delere:** zerstören (deleo–delevi–deletum)

23. **destringere:** zücken (destringo–destrinxi–districtum)

24. **subicere:** darunterlegen (subicio–subieci–subiectum)
restinguere: löschen (restinguo–restinxi–restinctum)

25. **cogere:** zwingen (cogo–coegi–coactum)

26. **cupere:** wünschen (cupio–cupivi–cupitum)

27. **exponere:** aussetzen (expono–exposui–expositum)

Formen Sie die Verbformen ins Perfekt und Plusquamperfekt um:

28. Tela iaciuntur. ⇨

29. Proelium restituitur. ⇨

30. Consilia mutantur. ⇨

31. Oppida defenduntur. ⇨

32. Exploratores praemittuntur. ⇨

33. Voces audiuntur. ⇨

34. Certamen finitur. ⇨

35. Monemini. ⇨

36. Videris. ⇨

37. Nomen appellatur. ⇨

38. Relinquimur. ⇨

39. Terreris. ⇨

40. Animadvertitur. ⇨

41. Epistulae scribuntur. ⇨

28. **iacere:** werfen (iacio–ieci–iactum)

29. **restituere:** wiederherstellen (restituo–restitui–restitutum)
proelium: Kampf, Gefecht

30. **mutare:** ändern

31. **defendere: verteidigen** (defendo–defendi–defensum)

32. **explorator, exploratoris m.:** Kundschafter, Späher
praemittere: vorausschicken
(praemitto–praemisi–praemissum)

33. **vox, vocis f.:** Stimme

34. **certamen, certaminis n.:** Streit, Wettkampf
finire: beenden

35. **monere:** ermahnen (moneo–monui–monitum)

36. **videre:** sehen (video–vidi–visum)

37. **nomen, nominis n.:** Name
appellare: nennen

38. **relinquere:** verlassen (relinquo–reliqui–relictum)

39. **terrere:** erschrecken (terreo–terrui–territum)

40. **animadvertere:** bemerken
(animadverto–animadverti–animadversum)

41. **epistula:** Brief
scribere: schreiben (scribo–scripsi–scriptum)

Lingua
Latina

Perfekt / Plusquamperfekt im Passiv
→ *P* 71 → *S* 85 → *E* 26

Lectio
8

ex
efef

33

➤ **Grundregel:** Die Formen des Adjektivs werden (wie im Deutschen) verändert. Maßgeblich für die jeweils veränderten Deklinationsformen des Adjektivs ist das grammatische Geschlecht (Genus) des Bezugswortes, dem das Adjektiv beigefügt ist, nicht dessen Deklinationszugehörigkeit. Das Geschlecht eines Substantivs wird mit dem Wort mitgelernt!

KNG-Kongruenz: Adjektiv stimmt in Kasus, Numerus und Genus mit seinem Bezugswort überein.

➤ **Zwei Typen der Adjektive der a- und o-Deklination:**
magnus – magna – magnum: groß
pulcher – pulchra – pulchrum: schön

➤ **Regel:**
Substantiv m.: Adjektiv hat die Endungen der Substantive der o-Deklination auf -us bzw. -er (Beispiel murus, ager).
Substantiv f.: Adjektiv hat die Endungen der Substantive der a-Deklination (Beispiel via).
Substantiv n.: Adjektiv hat die Endungen der Substantive der o-Deklination auf -um (Beispiel verbum).

---

1. Timor magnus exercitum occupavit.
   Timor magnam partem exercitus occupaverat.

2. Partes magnae exercitus vincebantur.
   Partes magni exercitus vincebantur.

3. Diem certum profectionis Helvetii statuunt.
   Diem certae profectionis Helvetii statuunt.

4. Res multae homines admonent ...
   Res multos homines admonent ...

5. Orator clarus orationem habuit.
   Orator claram orationem habuit.

6. Pulchras arbores vidimus.

7. Nomen pulchrum habes.

8. Errare humanum est.

9. Testes parati sunt.

10. Virtus propria populi Romani erat.

11. Cum scelerato homine et nefario res est.

12. Indignum est a legibus discedere.

13. Res obscura verbis testium perspicua esse coepit.

14. Cives multos annos iniusto imperio vexati erant.

15. Sociorum salus magnum in periculum vocatur.

---

1. **timor, timoris m.:** Angst, Furcht
   occupare: einnehmen, besetzen, in Besitz nehmen

2. **vincere:** siegen, besiegen (vinco–vici–victum)

3. **certus, a, um:** sicher, bestimmt, fest
   profectio, profectionis f.: Aufbruch, Abreise
   statuere: festsetzen (statuo–statui–statutum)

4. **multi, ae, a:** viele (multum: viel)
   admonere: ermahnen, aufrütteln
   (admoneo–admonui–admonitum)

5. **orator, oratoris m.:** Redner
   clarus, a, um: berühmt

6. **arbor, arboris f.:** Baum

7. **nomen, nominis n.:** Name

8. **errare:** irren
   humanus, a, um: menschlich

9. **paratus, a, um:** bereit
   testis, testis m.: Zeuge

10. **proprius, a, um** (m. Gen.): eigentümlich, charakteristisch

11. **sceleratus, a, um:** verbrecherisch
    nefarius, a, um: ruchlos, bösartig

12. **indignus, a, um:** unwürdig
    discedere: sich entfernen (discedo–discessi–discessum)

13. **obscurus, a, um:** dunkel, undurchsichtig
    perspicuus, a, um: durchsichtig, eindeutig
    coepi: ich habe begonnen, ich begann

14. **annus:** Jahr
    iniustus, a, um: ungerecht

Lingua
Latina

Adjektive der a- und o-Deklination
Personal- / Possessivpronomina
→ A 12   → P 77   → P 73   → P 75

Lectio
9

ex
efef

35

➤ **Zu den Personal- und Possessivpronomina siehe Lexikon-Grammatik → P 77, P 73 und P 75**

16. *Cicero zu den römischen Bürgern*:
„Vestra voluntas erga me mihi iucunda est.
Sed de vobis et de liberis vestris cogitare debetis.
Multa meo dolore in vestro timore sanavi.
Te, Catilina, semper custodivi.
Nobis nocere, nostram vitam exstinguere cupis.
Ego rem publicam e misero interitu eripere cupio,
tu delere cupis."

16. **voluntas, voluntatis f.:** Wille, wohlwollendes Eintreten
erga (b. Akk.): gegen, gegenüber (im freundlichen Sinne)
iucundus, a, um: angenehm, willkommen
dolor, doloris m.: Schmerz
sanare: heilen
semper: immer
custodire: bewachen
nocere: schaden (noceo–nocui)
exstinguere: auslöschen
(exstinguo–exstinxi–exstinctum)
miser, misera, miserum: elend, unglücklich
interitus, us m.: Untergang
delere: zerstören (deleo–delevi–deletum)

17. „Antonius vestram servitutem concupiscit.
Vester hostis vestram rem publicam oppugnat.
Aerarium vestrum exhausit, suum (aerarium)
non habet.
Mihi mors terrorem non inicit.
Morte mea vestram libertatem servare
paratus sum."

17. **servitus, servitutis f.:** Knechtschaft, Sklaverei
concupiscere: wünschen, begehren
(concupisco–concupivi–concupitum)
aerarium: Staatskasse
exhaurire: ausschöpfen, ausplündern
(exhaurio–exhausi–exhaustum)
terror, terroris m.: Schrecken
inicere: hineinwerfen, einjagen (inicio–inieci–iniectum)
libertas, libertatis f.: Freiheit

18. Vos in vestra sententia manetis, nos autem
sententiam mutavimus.

18. **sententia:** Meinung, Ansicht
manere: bleiben (maneo–mansi–mansum)

19. Ego domi manseram, tu autem discesseras.

19. **domi:** zu Hause
autem (nachgestellt): aber

20. Sibi quisque fortunae faber est.

20. **quisque:** jeder
faber, fabri m.: Handwerker, Schmied
fortuna: Schicksal, Glück

21. Erravistis, et tu et nonnulli amici tui.

21. **nonnulli, ae, a:** einige

22. Res per se persuadet.

22. **persuadere (m. Dat.):** überreden, überzeugen
(persuadeo–persuasi–persuasum)

23. Suum cuique!

23. **cuique:** Dativ von quisque: jeder

24. Nostri meministis, vestri non meminimus.

24. **memini:** ich habe mich erinnert, ich gedenke

25. Nemo nostrum adfuit, plerique vestrum autem
adfuerunt.

25. **adesse:** dasein, helfen (adsum–adfui)
plerique, pleraeque, pleraque: die meisten

26. Me tui miseret, te mei non miseret.

26. **miseret (m. Akk. + Gen.):** es erbarmt ....

27. Sibi imperare imperium maximum est.

27. **imperare:** befehlen
maximus, a, um: der größte

28. Homo doctus semper divitias suas in se habet.

28. **doctus, a, um:** gelehrt
divitiae, arum: Reichtümer, Reichtum

29. *Spiel mit dem Komma*:   Aliis non, sibi!
Aliis, non sibi!

29. **alius, alia, aliud:** ein anderer

Lingua Latina

Adjektive der a- und o-Deklination
Personal- / Possessivpronomina
→ A 12   → P 77   → P 73   → P 75

Lectio 9

ex efef

37

➤ **Es gibt drei Typen der Adjektive der i-Deklination:**

- mit **einer** Endung im Nom. Sing.: **prudens** (Gen.: prudentis): klug (prudens vir – prudens femina – prudens consilium)
- mit **zwei** Endungen im Nom. Sing.: **tristis, tristis, triste:** traurig (tristis puer – tristis puella – triste fatum)
- mit **drei** Endungen im Nom. Sing.: **acer, acris, acre:** heftig, scharf (acer impetus – acris tempestas – acre telum)

Die Deklinationsformen der drei Adjektivgruppen sind außer den Nominativ-Formen im Singular (siehe oben) dieselben.

Singular		Plural
siehe oben	**Nom**	*m.f.:* trist-**es** *n.:* trist-**ia**
m.f.n.: trist-**is**	**Gen**	*m.f.n.:* trist-**ium**
m.f.n.: trist-**i**	**Dat**	*m.f.n.:* trist-**ibus**
m.f.: trist-**em** *n.:* trist-**e**	**Akk**	*m.f.:* trist-**es** *n.:* trist-**ia**
m.f.n.: trist-**i**	**Abl**	*m.f.n.:* trist-**ibus**

1. Magnus est numerus celebrium et potentium hominum.

2. Legiones acrem impetum fecerunt.

3. Vita nostra brevis est, brevi (tempore) finietur.

4. Plebs ad commune consilium non adhibetur.

5. Plebs sorte gravi et tristi premitur, iniuriis potentium principum vexatur.

6. Omnia iura observata sunt.

7. Homines atrocia scelera commiserunt. Gravibus poenis multati sunt.

8. Caesar omnem equitatum praemiserat.

9. Non omnia possumus omnes.

10. Homines celebres oppidum visitaverunt. Homines celebria oppida visitaverunt.

11. Mercatores ingentem magnitudinem corporum, constantem animum, incredibilem virtutem Germanorum praedicabant.

12. *Cicero*: Horribilem et infestam rei publicae pestem totiens effugimus. Catilina odium omnium iustum agnoscit.

13. Fortes fortuna adiuvat.

14. Dulce est meminisse.

---

1. **celeber, celebris, celebre:** berühmt
   potens, potentis: mächtig

2. **legio, legionis f.:** Legion

3. **brevis, breve:** kurz
   finietur: Futurform

4. **communis, commune:** gemeinsam
   adhibere: hinzuziehen (adhibeo–adhibui–adhibitum)

5. **sors, sortis f.:** Los, Schicksal
   gravis, grave: schwer
   premere: drücken, niederdrücken (premo–pressi–pressum)

6. **omnis, omne:** jeder, ganz; Plural: alle

7. **atrox, atrocis:** gräßlich, scheußlich
   committere: zustandekommen lassen (committo–commisi–commissum)
   scelus committere: ein Verbrechen begehen

8. **equitatus, us m.:** Reiterei

9. **possumus:** wir können

10. **visitare:** besuchen

11. **ingens, ingentis:** ungeheuer (groß)
    magnitudo, magnitudinis f.: Größe
    corpus, corporis n.: Körper
    constans, constantis: standhaft
    animus: Geist, Herz, Mut
    incredibilis, incredibile: unglaublich
    praedicare: preisen

12. **horribilis, horribile:** schrecklich
    infestus, a, um: feindlich (gesonnen)
    pestis, pestis f.: Pest, Scheusal
    totiens: so oft
    effugere (m. Akk.): entrinnen (effugio–effugi–effugitum)
    iustus, a, um: gerecht, gerechtfertigt
    agnoscere: erkennen, anerkennen (agnosco–agnovi–agnitum)

13. **fortis, forte:** tapfer
    fortuna: Schicksal, Glück

14. **dulcis, dulce:** süß, angenehm
    meminisse: sich erinnern

➤ **Das Pronomen is, ea, id**

	Singular				Plural		
m	**f**	**n**		**m**	**f**	**n**
is	ea	id	Nom	ei (ii)	eae	ea
eius	eius	eius	Gen	eorum	earum	eorum
ei	ei	ei	Dat	eis (iis)	eis (iis)	eis (iis)
eum	eam	id	Akk	eos	eas	ea
eo	ea	eo	Abl		eis (iis)	

Das Pronomen is, ea, id hat drei Funktionen:

(1) Personalpronomen der 3. Person („Stellvertreter" für ein Substantiv): er, sie, es, ihm, ihnen ...

1. Legati venerunt. Caesar eos audivit. Iis nihil promisit.

2. Orgetorix princeps Helvetiorum fuit. Helvetii ei confidebant. Ab eo decepti sunt.

3. Imperator consilium suum ostendit. Milites id probaverunt.

4. Castra munita erant. Milites ea expugnaverunt.

5. Caesar obsides imperavit. Hostes partem eorum statim dederunt.

6. Naves Britanniae appropinquaverunt. Pars earum cursum non tenebat.

7. *Cicero*: Maiores rem publicam condiderunt. Ego eam conservavi.

8. Urbs defensa est. Hostes in eam non invaserunt.

9. *Cicero*: Hostis intra urbem erat. Eum in exilium eieci.

1. **promittere:** versprechen (siehe mittere)

2. **confidere:** vertrauen
   decipere: täuschen (decipio–decepi–deceptum)

3. **probare:** billigen, prüfen
   ostendere: darlegen, zeigen (ostendo–ostendi)

4. **munire:** befestigen

5. **statim:** sofort
   dare: geben (do–dedi–datum)

6. **cursus, us m.:** Lauf, Kurs
   tenere: halten, festhalten (teneo–tenui)

7. **condere:** gründen (condo–condidi–conditum)
   conservare: retten, bewahren

8. **invadere:** eindringen (invado–invasi–invasum)

9. **intra (b. Akk.):** innerhalb
   exilium: Exil, Verbannung
   eicere: hinauswerfen (eicio–eieci–eiectum)

(2) Demonstrativpronomen (mit / ohne Substantiv): dieser, diese, dieses ...; der, die, das ...
   In dieser Funktion verweist is, ea, id auf jemand/etwas, der/das im Text erwähnt wird/wurde.

10. Milites id consilium probaverunt.

11. In eo oppido tumultus fuit.

12. Eas regiones Aquitani incolebant.

13. Caesar eum pontem rescidit.

11. **tumultus, us m.:** Tumult, Aufruhr

12. **regio, regionis f.:** Gegend
    incolere: bewohnen (incolo–incolui–incultum)

13. **rescindere:** abreißen (rescindo–rescidi–rescissum)

Lingua
Latina

Pronomina:
is / hic / ille / ipse / idem / iste
→ *P 77* → *D 24*

Lectio
11

ex
efef

41

14. Exitus earum rerum incertus fuit.

> 14. **exitus, us m.:** Ausgang
> **incertus, a, um:** unsicher, ungewiß

15. Ea in oppido geruntur.

> 15. **ea** (Neutrum Plural): „diese Dinge"

(3) Der Genitiv dient auch als nichtreflexives Possessivpronomen der 3. Person

16. Catilina coniurationem fecit. Coniuratio eius cognita est.

> 16. **cognoscere:** erkennen
> (cognosco–cognovi–cognitum)

17. Imperator consilia sua militibus ostendit. Consilia eius probata sunt.

> 17. **ostendere:** darlegen (ostendo–ostendi)
> **probare:** billigen, prüfen

18. Civitates oppida sua defenderunt. Caesar oppida earum expugnavit.

> 18. **civitas, civitatis f.:** Bürgerschaft, Stamm

19. Urbem visitamus. Eius monumenta nobis placent.

> 19. **monumentum:** Denkmal
> **placere:** gefallen (placeo–placui)

➤ **hic, haec, hoc: dieser** (weist auf etwas hin, was für den Sprecher zeitlich / räumlich näher ist)
ille, illa, illud: dieser, der, jener (weist auf etwas hin, was für den Sprecher entfernter ist)
Diese Pronomina sind a) echte Zeigewörter (ähnlich dem ausgestreckten Zeigefinger)
  b) Verweiser im Text wie is, ea, id
Deklination: Ziehen Sie aufgrund der Beispielsätze Vergleiche mit is – ea – id !

---

20. Mores huius temporis cum moribus illius temporis saepe comparamus.

> 20. **comparare:** vergleichen
> **mos, moris m.:** Sitte, Brauch

21. Illud tempus saepius laudatur quam hoc tempus.

> 21. **saepius:** öfters
> **quam** (nach Komparativ): als

22. Haec consilia probantur, illa non probantur.

23. Imperator hanc rem perspexit.

> 23. **perspicere:** durchschauen
> (perspicio–perspexi–perspectum)

24. Caesar ad initium harum silvarum venit.

> 24. **initium:** Anfang
> **silva:** Wald

25. Legati haec dixerunt, illa celaverunt.

> 25. **celare:** verheimlichen

26. Ob has res erat magna difficultas.

> 26. **ob (b. Akk.):** wegen
> **difficultas, difficultatis f.:** Schwierigkeit

27. Illa antiqua non commemoro.

> 27. **antiquus, a, um:** alt
> **commemorare:** erwähnen

28. Caesar de his rebus certior factus est.

> 28. **certiorem facere:** benachrichtigen

29. Hunc librum libenter lego, illum tibi non commendo.

> 29. **libenter:** gern
> **legere:** lesen (lego–legi–lectum)

30. Hae civitates legatos miserunt, illae negaverunt.

> 30. **negare:** verneinen, verweigern

Lingua
Latina

Pronomina:
is / hic / ille / ipse / idem / iste
→ P 77   → D 24

Lectio
11

ex
efef

43

31. Huic homini confido, illi diffido.

31. **confidere:** vertrauen (confido)
    diffidere: mißtrauen (diffido)

32. In hac urbe multa deleta sunt, in illa urbe pauca.

32. **pauci, ae, a:** wenige

➤ **ipse – ipsa – ipsum: selbst, er (sie, es) selbst**
idem – eadem – idem: derselbe, der gleiche
iste – ista – istud: dieser da, der da (manchmal abwertend gebraucht)

33. Multi non alios, sed se ipsos amant.

33. **amare:** lieben

34. In ipsa ripa hostes consederant.

34. **ripa:** Ufer
    considere: sich niederlassen
    (consido–consedi–consessum)

35. Caesar ipse cum legatis egit.

36. Amici me visitaverunt. Ipse Marcus venit: eum non exspectaveram.

36. **visitare:** besuchen
    exspectare: erwarten, warten auf

37. Caesar milites in hiberna duxit.
    Ipse in urbem contendit.

37. **hiberna, orum:** Winterlager
    ducere: führen (duco–duxi–ductum)

38. Incolae Galliae nostra lingua Galli, ipsorum lingua Celtae appellantur.

38. **appellare:** anreden, nennen

39. *Centurio*: „Me ipsum una vobiscum servare non possum. Vos ipsos servare debetis."

39. **centurio, centurionis m.:** Zenturio
    una (Adverb): zusammen

40. Idem consilium cepimus.

40. **consilium capere:** einen Plan fassen

41. Eandem regionem visitavimus.

41. **regio, regionis f.:** Gegend

42. Eiusdem generis consilium cepimus.

42. **genus, generis n.:** Geschlecht, Art

43. Eadem nocte accidit.

43. **accidere:** sich ereignen, passieren
    (accidit–accidit)

44. Eodem anno natus sum ac tu.

44. **natus sum:** ich bin geboren
    idem atque oder **ac:** derselbe wie

45. Facta eorundem hominum non sunt eadem.

45. **factum:** Tat

46. Idem sentimus atque vos.

46. **sentire:** fühlen, merken, meinen
    (sentio–sensi–sensum)

47. Facta istius viri reprehensa sunt.

47. **reprehendere:** tadeln
    (reprehendo–reprehendi–reprehensum)

48. Istos non diligo.

48. **diligere:** hochachten, lieben
    (diligo–dilexi–dilectum)

49. Istum cives timuerunt.

49. **timere:** fürchten (timeo–timui)
    civis, civis m.: Bürger

50. Ab isto omnia rapta sunt.

50. **rapere:** rauben (rapio–rapui–raptum)

Lingua Latina

Pronomina:
is / hic / ille / ipse / idem / iste
→ *P 77*   → *D 24*

Lectio 11

ex efef

45

➤ Das Relativpronomen qui, quae, quod

Das Relativpronomen hat meist ein Bezugswort (Substantiv oder Pronomen), zu dem der Relativsatz eine nähere Erläuterung gibt. Der Relativsatz hat also die Funktion eines Attributs.

Deklinationsformen des Relativpronomens im Relativsatz:
● Numerus und Genus sind identisch mit dem Bezugswort;
● der Kasus richtet sich nach der Funktion des Relativpronomens innerhalb des Relativsatzes.

Singular				Plural		
m	f	n		m	f	n
qui	quae	quod	Nom	qui	quae	quae
cuius	cuius	cuius	Gen	quorum	quarum	quorum
cui	cui	cui	Dat	quibus	quibus	quibus
quem	quam	quod	Akk	quos	quas	quae
quo	qua	quo	Abl	quibus	quibus	quibus

(1) Bezugswort außerhalb des Relativsatzes:

1. Erant eae difficultates, quas supra ostendimus.

   1. supra: oben, oberhalb
   difficultas, difficultatis f.: Schwierigkeit

2. Mittuntur legati ad eas civitates, quae finitimae sunt.

   2. finitimus, a, um: benachbart

3. Auxiliares, quibus Crassus confidebat, impetum fecerunt.

   3. auxiliares, auxiliarium m: Hilfstruppen

4. Equitatus, cui Pompeius maxime confidebat, pulsus est.

   4. maxime: am meisten
   confidere: vertrauen (confido)

5. Crassus, quem Caesar castris praefecit, milites convocat.

   5. praeficere: voranstellen (siehe facere)
   convocare: zusammenrufen

6. Socii, quorum salutem vobis commendo, magno in periculo sunt.

   6. commendare: ans Herz legen

7. Omnia, quae a me dicebantur, memoria tenuisti.

   7. memoria tenere: in Erinnerung behalten

8. Catilina, cuius socii urbem reliquerant, in urbe remansit.

   8. remanere: zurückbleiben
   (remaneo–remansi–remansum)

(2) Bezugswort innerhalb des Relativsatzes:

9. Caesar iter ad Rhenum facere coepit, quibus in locis Germani constiterant.

   9. loca, orum n.: Orte, Gegend
   consistere: haltmachen (consisto–constiti)

10. Luna plena erat, qui dies maritimos aestus maximos in Oceano efficit.

    10. luna: Mond
    plenus, a, um: voll
    aestus, us m.: Hitze, Glut, Flut
    maritimi aestus: Meeresfluten
    efficere: bewirken (efficio–effeci–effectum)

11. Helvetii, quae civitas est proxima Germanis, patriam reliquerunt.

    11. proximus, a, um: der nächste

Lingua
Latina

Relativpronomen
→ P 77   → R 81   → R 82

Lectio
12

ex
efef

47

(3) Bezugswort ist ein Pronomen:

12. Is, qui id fecerat, punitus est.

13. Cicero illos, qui coniuraverant, comprehendit.

14. Ea, quae statuta erant, peracta sunt.

15. Iis, quorum calamitatem compereramus, adfuimus.

16. Id, quod videram, tibi narravi.

(4) Bezugswort fehlt:

17. Qui tacet, consentit.

18. Multos timere debet, quem multi timent.

19. Quae nocent, docent.

20. Quod exspectaveram, evenit.

21. Cui confido, credo.

22. Quod licet Iovi, non licet bovi.

(5) Relativischer Satzanschluß:

23. Erat una cum Caesare Commius. Quem Caesar secum habebat, quod ...

24. Coniuratio facta est. Quae res est enuntiata.

25. Hostes in silvas fugerunt. Quas silvas Caesar cecidit.

26. Scipio Carthaginem cepit. Qua in victoria modestus fuit.

27. Caesar Noviodunum oppugnabat. Quo ex oppido legati venerunt.

28. Equitatus procul visus est. Quem ubi oppidani conspexerunt, portas clauserunt.

29. Fuit praeclarum simulacrum. Quod Verres rapuit.

---

12. **punire:** bestrafen

13. **coniurare:** sich verschwören

14. **peragere:** durchführen (perago–peregi–peractum)

15. **comperire:** erfahren (comperio–comperi–compertum)

16. **narrare:** erzählen

17. **tacere:** schweigen (taceo–tacui)

18. **timere:** fürchten (timeo–timui)
debere: müssen (debeo–debui–debitum)

19. **nocere:** schaden (noceo–nocui)

20. **evenire:** sich ereignen, herauskommen (siehe venire)

21. **credere:** glauben (credo–credidi–creditum)

22. **licet:** es ist erlaubt
Iuppiter, Iovis: Juppiter
bos, bovis m.f.: Rindvieh

23. **una** (Adverb): zusammen
secum: mit sich, bei sich
quod: weil

24. **enuntiare:** verraten

25. **caedere:** fällen (caedo–cecidi–caesum)
fugere: fliehen (fugio–fugi–fugitum)

26. **modestus, a, um:** bescheiden, maßvoll

27. **oppugnare:** belagern

28. **procul:** in der Ferne, weit entfernt
conspicere: erblicken (conspicio–spexi–spectum)
oppidanus: der Städter
porta: Tor
claudere: schließen (claudo–clausi–clausum)

29. **praeclarus, a, um:** hochberühmt
simulacrum: Götterbild

Lingua
Latina

Relativpronomen
→ P 77   → R 81   → R 82

Lectio
12

ex
efef

49

➤ **Indikativ:** Modus der Wirklichkeit
➤ **Konjunktiv:** Modus der Nicht- bzw. Noch-nicht-Wirklichkeit, der Vorstellung
➤ **Imperativ:** Modus des direkten Befehls an ein Gegenüber

➤ **Konjunktiv der Gleichzeitigkeit I (Konjunktiv GZ I):**

Zwischenelement: **-a-** (bei a-Verben wird Stammvokal **-a-** ersetzt durch **-e-**)
Konjunktiv GZ I von esse: sim – sis – sit – simus – sitis – sint

➤ **Konjunktiv der Gleichzeitigkeit II (Konjunktiv GZ II):**

Zwischenelement: **-re-** (bzw. **-ere-** bei konsonantischen und Misch-Verben)
Konjunktiv GZ II von esse: essem – esses – esset – essemus – essetis – essent

➤ **Konjunktiv der Vorzeitigkeit I (Konjunktiv VZ I):**

Zwischenelement zum Perfektstamm: **-eri-**

➤ **Konjunktiv der Vorzeitigkeit II (Konjunktiv VZ II):**

Zwischenelement zum Perfektstamm: **-isse-**

Wichtig für den lateinischen Konjunktiv ist, ob er im Haupt-Satz oder im Neben-Satz gebraucht ist.
Haupt-Satz: Übersetzung mit deutschem Konjunktiv oder mit Umschreibung
Neben-Satz: Übersetzung meist mit deutschem Indikativ
        Sprachgleich ist der Gebrauch im Wenn-Satz (Konjunktiv II)

➤ **Konjunktiv in Hauptsätzen**

(1) Konjunktiv GZ I:
- erfüllbar gedachter Wunsch der Gegenwart: utinam (ne) = hoffentlich, möge ... (nicht) !
- Aufforderung: laßt uns ..., er soll ...!
- potentialer Bedingungssatz der Gegenwart („Gedankenspiel"): gesetzt der Fall, angenommen ... !

1. *Caesar*: Hostes appropinquant.
   Legiones castra muniant!

   1. appropinquare: sich nähern

2. Parati sint ad proelium! Pugnemus!

   2. paratus, a, um: bereit

3. Proelium committatur! Utinam ne aciem deseratis!

   3. proelium committere: ein Gefecht beginnen
   aciem deserere: desertieren (desero–deserui)

4. Omnes moneantur!

   4. monere: ermahnen (moneo–monui–monitum)

5. *Cicero*: Catilina urbem relinquat! Utinam res publica
   metu liberetur!

   5. relinquere: verlassen (relinquo–reliqui–relictum)
   metus, us m.: Angst, Furcht

6. Secedant improbi! Utinam ne maneant!

   6. secedere: weggehen (secedo–secessi–secessum)
   improbus, a, um: ruchlos, bösartig

7. Exercitationes faciamus!

   7. exercitatio, exercitationis f.: Übung

8. Si vim adhibeatis, nos defendamus.

   8. adhibere: anwenden (adhibeo–adhibui–adhibitum)

9. Nisi pax impetretur, multi homines occidantur.

   9. nisi: wenn nicht
   impetrare: durchsetzen, erreichen
   occidere: töten (occido–occidi–occisum)

Lingua
Latina

Konjunktive
→ K 55 → Z 102 → R 82
→ S 87 → M 63 → F 33

Lectio
13

ex
efef

51

(2) ***Konjunktiv GZ II:*** ● unerfüllbar gedachter Wunsch der Gegenwart
(utinam: ach würde ..., utinam ne: ach würde nicht ...)
● hypothetische Aussage der Gegenwart: nach Einschätzung des Sprechenden nicht realisierbar
● irrealer Bedingungssatz der Gegenwart (si: wenn; nisi: wenn nicht)

10. Utinam homines iniuria abstinerent!

11. Utinam ne foedera rumperentur!
Tum bella non imminerent.

12. Utinam omnes venirent!

13. Si te parentes timerent, Catilina, ab iis discederes.

14. Nisi coniuratores adiuvarentur, periculum non esset rei publicae.

15. Si id faceretis, nobis noceretis.

10. **abstinere:** sich enthalten (abstineo–abstinui)

11. **foedus, foederis n.:** Bündnis
rumpere: brechen (rumpo–rupi–ruptum)
tum: dann, da, damals
imminere: bevorstehen, drohen (immineo–imminui)

13. **parentes, parentum:** Eltern

14. **coniurator, coniuratoris m.:** Verschwörer

15. **nocere:** schaden (noceo–nocui)

(3) ***Konjunktiv VZ I:*** ● Ersatz für den verneinten Imperativ Präsens
● präsentischer Potentialis: vielleicht ..., möglicherweise ...

16. Vitia ne repetiveritis!!

17. Ne dixeris! Ne tacueritis!

18. Dixerit aliquis: „ ... “

19. Si id credideris, erres.

16. **repetere:** wiederholen (repeto–repetivi–repetitum)
vitium: Fehler

18. **aliquis:** jemand

19. **credere:** glauben (credo–credidi–creditum)

(4) ***Konjunktiv VZ II:*** ● unerfüllbar gedachter Wunsch der Vergangenheit = hypothetischer Wunsch
● hypothetische Aussage der Vergangenheit
● irrealer Bedingungssatz der Vergangenheit

20. Utinam ne aliis credidissem!
Tum non deceptus essem.

21. *Caesar:* Nisi Galli diuturnitate belli defatigati essent, Germani eos non vicissent.

22. Si tacuisses, philosophus mansisses.

23. Utinam haec perspexissemus!

24. Si hostes obsides dedissent, Caesar iis pepercisset.

25. Nisi consul tantos labores suscepisset, res publica servata non esset.

20. **decipere:** täuschen (decipio–decepi–deceptum)

21. **diuturnitas, diuturnitatis f.:** lange Dauer
defatigare: ermüden, erschöpfen

22. **tacere:** schweigen (taceo–tacui)
manere: bleiben (maneo–mansi–mansum)

23. **perspicere:** durchschauen
(perspicio–perspexi–perspectum)

24. **parcere (m. Dat.):** schonen (parco–peperci)

25. **tantus, a, um:** so groß
suscipere: auf sich nehmen (suscipio–suscepi–susceptum)

Lingua
Latina

Konjunktive
→ K 55   → Z 102   → R 82
→ S 87   → M 63   → F 33

Lectio
13

ex
efef

53

➤ **Konjunktiv im Neben-Satz**

(1) Subjunktionaler („automatischer") Konjunktiv

Viele Subjunktionen ziehen im Lateinischen je nach ihrer Sinn-Beziehung zum übergeordneten Satz einen Konjunktiv nach sich:

ut (m. Ind.): **wie**
ut (m. Konj.): **daß, damit**
cum (m. Ind.): z. B. **immer wenn; dadurch, daß ...**
cum (m. Konj.): z. B. **als, weil, obwohl**

Manche Subjunktionen sind ausschließlich mit einem Konjunktiv verbunden:

ne (m. Konj.): **daß nicht, damit nicht**
quamvis (m. Konj.): **wie sehr auch**

Indirekte (abhängige) Fragesätze stehen grundsätzlich im Konjunktiv.

Wiedergabe im Deutschen: Meist im Indikativ (außer wenn in si- und nisi-Sätzen der Konjunktiv steht, bzw. beim subjektiven Konjunktiv), aber keine feste Regel möglich. Man richte sich nach den jeweiligen Sprachgegebenheiten der deutschen Sprache!

26. Ut(inam) venias! Opto.
Opto, ut venias.

26. **optare:** wünschen

27. Do. Ut(inam) des!
Do, ut des.

28. Cum id sciatis, tacetis.

28. **scire:** wissen (scio–scivi–scitum)

29. Quamvis contendissemus, id non impetravimus.

29. **contendere:** sich anstrengen (contendo–contendi)
impetrare: erreichen

30. Caesar postulavit, ne Helvetii patriam relinquerent.

30. **postulare:** fordern
relinquere: verlassen (relinquo–reliqui–relictum)

31. Orgetorix Castico persuadet, ut regnum
in civitate sua occupet.

31. **persuadere** (m. Dat.): überreden, überzeugen
regnum: Königsherrschaft
occupare: an sich reißen

32. Cum id Caesari nuntiatum esset, in provinciam
contendit.

32. **nuntiare:** melden
contendere: eilends marschieren

33. Hostes, cum locum superiorem tenerent,
proelium commiserunt.
Hostes, cum locum superiorem tenerent,
proelium non commiserunt.

33. **superior, superioris:** der höher gelegene
tenere: besetzt halten (teneo–tenui)
proelium committere: den Kampf beginnen
(committo–commisi–commissum)

34. Interrogo, cur id feceris.

34. **interrogare:** fragen
cur: warum

35. Caesar comperit, quanta esset insula.

35. **quantus, a, um:** wie groß

36. Decrevit quondam senatus, ut consul videret,
ne quid detrimenti res publica caperet.

36. **decernere:** beschließen (decerno–decrevi–decretum)
(ali)quid: irgendetwas
detrimentum: Schaden

37. Non is es, Catilina, ut te metus a periculo aut ratio
a furore revocaverit.

37. **furor, furoris m.:** Wut, Raserei
revocare: zurückrufen

Lingua
Latina

Konjunktive
→ K 55 → Z 102 → R 82
→ S 87 → M 63 → F 33

Lectio
13

ex
efef

55

38. Nemo ignorat, Catilina, ubi proxima nocte fueris, quos conveneris.

    38. nemo: niemand (nemo, neminis)
    proxima nox: vergangene Nacht (nox, noctis f.)
    convenire: treffen (convenio–conveni–conventum)

39. Caesar resciit, quo hostes iter fecissent.

    39. resciscere: erkennen, erfahren (rescisco–rescii–rescitum)

(2) Subjektiver Konjunktiv in Neben-Sätzen
Subjektive Argumentation oder Ansicht der erwähnten Person; auch im Deutschen mit Konjunktiv (Subjunktiv) zu übersetzen

40. Amico, quia te adiuverat, gratias egisti.
    Amico, quia te adiuvisset, gratias egisti.

    40. quia: weil, da ja
    gratias agere: Dank abstatten, sich bedanken bei

41. Cicero optavit, ut ii, quos sceleris coarguisset, morte multarentur.

    41. coarguere: überführen (coarguo–coargui)
    multare: bestrafen

42. Omnia ad profectionem comparavistis, quae vobis importuna essent.

    42. comparare: vorbereiten
    importunus, a, um: wichtig

43. Imperator equos removit, quia inutiles essent.

    43. inutilis, inutile: unbrauchbar

44. Ariovistus postulavit, ut ii, qui se arcessivissent, suo imperio obtemperarent.

    44. arcessere: herbeirufen, herbeiholen
    (arcesso–arcessivi–arcessitum)

(3) Finaler Konjunktiv im Relativsatz
Es liegt immer eine „Mission", ein Auftrag vor; Übersetzung „… der soll/sollte, will/wollte"

45. Legati venerunt, qui de pace agerent.

46. Catilina delegit, quos secum duceret.

    46. deligere: auswählen (deligo–delegi–delectum)

47. Caesar exploratores praemittit, qui idoneum castris locum deligant.

    47. idoneus, a, um: geeignet
    praemittere: vorausschicken
    (praemitto–praemisi–praemissum)

48. Reperti sunt quidam, qui consulem mane in suo lecto interficerent.

    48. reperire: finden (reperio–repperi–repertum)
    mane: frühmorgens
    lectus: Bett

(4) Explikativer (konsekutiver) Konjunktiv im Relativsatz bzw. im ut-Satz
Im Deutschen mit Indikativ zu übersetzen

49. Sunt, qui credant.

    49. sunt: es gibt Leute

50. Quid est, Catilina, quod iam amplius exspectes?

    50. iam amplius: weiterhin noch

51. Accidit, ut tempestas oppidum deleret.

    51. accidere: sich ereignen (accidit–accidit)
    tempestas, tempestatis f.: Unwetter, Sturm

52. In hac urbe nemo est, qui te, Catilina, non metuat, nemo, qui non oderit.

    52. odi: ich hasse (erscheint nur im Perfekt-Stamm)

Lingua
Latina

Konjunktive
→ K 55   → Z 102   → R 82
→ S 87   → M 63   → F 33

Lectio
13

ex
efef

57

➤ Das Partizip der Gleichzeitigkeit Aktiv

vocans, vocantis:	rufend
videns, videntis:	sehend
audiens, audientis:	hörend
vincens, vincentis:	siegend
capiens, capientis:	fassend

Deklination gemischt:
Singular nach der konsonantischen Deklination
(-e im Ablativ Singular)
Plural nach der i-Deklination
(-ia im Nominativ und Akkusativ Plural Neutrum)
(-ium im Genitiv Plural)

1. Caesar copias Germanorum influentes reppulit.

   1. **influere:** einströmen, eindringen (influo–influxi)
      repellere: zurücktreiben (repello–reppuli–repulsum)

2. Multa oppida florentia iam exstincta sunt.

   2. **florere:** blühen (floreo–florui)
      exstinguere: auslöschen (-stinguo–-stinxi–-stinctum)

3. Metus bellorum imminentium nos ne occupet!

   3. **metus, us m.:** Angst, Furcht
      imminere: bevorstehen, drohen (immineo–imminui)

4. Amicum iam discedentem revocavimus.

   4. **revocare:** zurückrufen

5. Orator animos hominum audientium incenderat.

   5. **incendere:** anzünden, entflammen
      (incendo–incendi–incensum)

6. Homines omnibus rebus abundantes contenti non sunt.

   6. **abundare (m. Abl.):** Überfluß haben an
      contentus, a, um: zufrieden

7. Caesar cohortibus iam laborantibus auxilium misit.

   7. **laborare:** hier = in Schwierigkeiten sein
      cohors, cohortis f.: Kohorte (Untereinheit der Legion)

➤ Das Partizip der Vorzeitigkeit Passiv

vocatus, a, um:	gerufen
visus, a, um:	gesehen
auditus, a, um:	gehört
victus, a, um:	besiegt
captus, a, um:	gefangen

Deklination:
wie Adjektive der a- und o-Deklination

8. Graecia victa Romam vicit.

   8. **Graecia:** Griechenland

9. Ficti testes in reum dati erant.

   9. **fingere:** erdichten, erfinden (fingo–finxi–fictum)
      reus: Angeklagter
      dare: hier = aufbieten

10. Condicionem impositam non accipio.

11. Verba audita in memoria teneatis!

    11. **memoria:** Gedächtnis, Erinnerung

12. Hostes circumventi et perterriti se non defenderunt.

    12. **circumvenire:** umzingeln (siehe venire)
        perterrere: heftig erschrecken (siehe terrere)

13. Templum incendio deletum refectum est.

    13. **reficere:** wiederaufbauen
        (reficio-refeci-refectum)

14. Res diu quaesitas tandem inveni.

    14. **quaerere:** suchen, fragen
        (quaero–quaesivi–quaesitum)
        tandem: endlich, schließlich
        invenire: finden (invenio–inveni–inventum)

➤ Partizip der Nachzeitigkeit Aktiv

(siehe Lektion 16)

Lingua
Latina

Partizipien / Partizip-Strukturen
→ P 69   → S 83   → P 70
→ A 8   → Z 101

Lectio
14

ex
efef

59

➤ **Das Partizip kann (wie ein Adjektiv) auch substantivisch gebraucht werden:**

15. Fraudatus non iam credit.

16. Maerentibus adsimus!

17. Audita penitus conservetis!

18. Vae victis!

15. **fraudare:** täuschen, betrügen
    non iam: nicht mehr

16. **maerere:** trauern (maereo–maerui)

17. **penitus:** tief drinnen

18. **vae:** wehe

➤ **Die Partizip-Strukturen**

Im Lateinischen hat das Partizip nicht nur attributive Funktion, meist bildet es zusammen mit seinem Bezugswort eine Art Aussage-Einheit mit einem Handlungsgeschehen (Prädikat = Partizip) und dem Geschehensmittelpunkt (Subjekt = Bezugswort) sowie dazugehöriger Erweiterungen attributiver und adverbialer Art. Eine solche Partizip-Struktur wird dadurch zu einer Art „Satz im Satz", wie sich auch in der Übersetzung durch Parenthese zeigt. Zu beachten ist dabei, daß das jeweilige Partizip keine selbständige Zeitstufe wiedergibt, sondern nur ein Zeitverhältnis zum übergeordneten Prädikat.

Partizip der Gleichzeitigkeit: Handlung liegt *zeitgleich* mit der des übergeordneten Prädikats
Partizip der Vorzeitigkeit: Handlung liegt *zeitlich vor* der des übergeordneten Prädikats

Helvetiis suppliciter pacem **petentibus** Caesar imperavit, ut arma ponerent.

Den Helvetiern – die Helvetier (= sie) baten inständig um Frieden – befahl Caesar, sie sollten die Waffen niederlegen.

Helvetii omnium rerum inopia **adducti** legatos de deditione ad Caesarem miserunt.

Die Helvetier – die Helvetier (= sie) waren durch Mangel an allem dazu gebracht worden – schickten Gesandte zu Caesar, um über eine Kapitulation zu verhandeln.

Übersetzen Sie die folgenden Beispiele durch Parenthese. Es empfiehlt sich, dabei das Partizip z. B. grün zu unterstreichen, das Bezugswort grün zu unterstricheln (siehe oben):

19. Ab Aenea a Troia fugiente et in ea loca veniente oppidum conditum est.

20. *Cicero:* Rem publicam a maioribus nostris conditam et amplificatam conservare studeo.

21. Castra hostium ab equitatu Romano repulsorum expugnata sunt.

22. Catilina hanc urbem ferro flammaque vastare cupiens ad mortem ducatur!

23. Imperator copias Germanorum in Galliam influentes repressit.

24. Cohortes adversariorum ad ripam dispositae exercitum transitu fluminis prohibuerunt.

19. **Aeneas:** Aeneas
    fugere: fliehen (fugio–fugi–fugitum)
    condere: gründen (condo–condidi–conditum)

20. **amplificare:** vergrößern, erweitern
    studere: sich bemühen (studeo–studui)

21. **repellere:** zurückschlagen (repello–reppuli–repulsum)

22. **flamma:** Flamme
    ferrum: Eisen, Schwert

23. **influere:** einströmen
    reprimere: zurückdrängen (reprimo–repressi–repressum)

24. **disponere:** verteilen (dispono–disposui–dispositum)
    transitus, us m.: Überschreiten, Überqueren

Lingua
Latina

Partizipien / Partizip-Strukturen
→ P 69   → S 83   → P 70
→ A 8   → Z 101

Lectio
14

ex
efef

61

➤ Das Participium coniunctum und der Ablativus absolutus

a) Graeci Troiam post multos annos expugnatam incenderunt.

    a) Graeci: die Griechen
    incendere: anzünden (incendo–incendi–incensum)

b) Caesar militibus in oppidum invadentibus imperavit, ut se reciperent.

    b) se recipere: sich zurückziehen
    (recipio–recepi–receptum)

c) Milites imperatoris in urbem vocati in Gallia hiemabant.

    c) hiemare: überwintern

d) Catilina a Cicerone accusatus urbem reliquit.

    d) accusare: anklagen

e) In urbe ab hostibus incensa tumultus fuit.

    e) tumultus, us m.: Tumult, Aufruhr, „Chaos"

f) Caesar hostibus fortiter pugnantibus victoriam peperit.

    f) fortiter (Adverb): tapfer

In den **Beispielen a) bis e)** hat das Bezugswort des Partizips stets eine Doppelfunktion: es ist Subjekt des Parenthese-Teils (also „grünes" Subjekt) und zugleich Subjekt, Objekt, Attribut des Basis-Satzes, bzw. es ist durch eine Präposition jeweils in den Basis-Satz „eingebunden" (coniunctum!). Man nennt diese Partizip-Struktur **Participium coniunctum** (abgekürzt: p. c.).

Im **Beispiel f)** hat das Bezugswort keine „Doppelfunktion", es ist nur noch Subjekt zum Partizip (also „grünes" Subjekt), das im Ablativ steht, d. h. es ist vom Basis-Satz scheinbar „losgelöst" (absolutus!). Dies zeigt sich anschaulich bei der Parenthese-Übersetzung, in der das „grüne" Subjekt nur einmal, und zwar innerhalb der Parenthese, erscheint: Caesar - die Feinde kämpften tapfer - errang dennoch den Sieg. Man nennt diese Partizip-Struktur **Ablativus absolutus** (abgekürzt: abl. abs.)

➤ Vorschlag für eine Übersetzungstechnik der Partizip-Strukturen

1. Markierung des Partizips und seines Bezugswortes („grünes Prädikat und grünes Subjekt"):

Cicero Catilinam caedem senatorum <u>cogitantem</u> hostem appellavit.

Ariovistus adventu Caesaris <u>cognito</u> legatos ad eum misit.

2. Provisorische Übersetzung durch Parenthese:

Caesar nannte Catilina – er dachte an die Ermordung von Senatoren – einen Staatsfeind.
Ariovist schickte – die Ankunft Caesars war bekannt geworden – Gesandte zu ihm.

3. Überlegungen zu einer endgültigen Übersetzung: **Neben-Satz**
                                      Beiordnung zu Haupt- oder Neben-Satz

Cicero nannte Catilina, der (weil er) an die Ermordung von Senatoren dachte, einen Staatsfeind.
Cicero nannte Catilina einen Staatsfeind. Denn der dachte an die Ermordung von Senatoren.

Ariovist schickte, als (nachdem, weil) die Ankunft Caesars bekannt geworden war, Gesandte zu ihm.
Die Ankunft Caesars war bekannt geworden. Daraufhin (da) schickte Ariovist Gesandte zu ihm.

Lingua
Latina

Partizipien / Partizip-Strukturen
→ P 69   → S 83   → P 70
→ A 8   → Z 101

Lectio
14

ex
efef

63

➤ Übungssätze zu den Partizip-Strukturen

1. Helvetii omnibus rebus ad profectionem comparatis diem dicunt, quo omnes convenirent.

   1. profectio, profectionis f.: Aufbruch, Abreise
   comparare: vorbereiten
   quo: Ablativ der Zeit des Relativpronomens

2. Hostes incolis fortiter pugnantibus oppidum non expugnaverunt.

   2. fortis, forte: tapfer
   pugnare: kämpfen

3. Caesar omnium ex conspectu remotis equis proelium commisit.

   3. conspectus, us m.: Anblick, Blickfeld
   removere: wegschaffen (removeo–removi–remotum)
   equus: Pferd
   proelium committere: den Kampf beginnen

4. Cum milites magna vini copia consumpta in tentoriis dormirent, hostes impetum fecerunt.

   4. vinum: Wein
   copia: Menge
   consumere: verbrauchen (consumo–sumpsi–sumptum)
   tentorium: Zelt
   dormire: schlafen

5. Caesar omnibus vicis aedificiisque incensis se in fines Ubiorum recepit.

   5. vicus: Dorf
   aedificium: Gebäude, Gehöft

6. Germani sociis monentibus excesserant finibus suis.

   6. monere: hier = dazu drängen
   excedere: herausgehen (excedo–excessi–excessum)

7. Caesar mercatores undique ad se vocatos interrogavit, quanta esset insula.

   7. undique: von allen Seiten
   interrogare: fragen
   quantus, a, um: wie groß

8. Postquam hostes locis superioribus occupatis proelium non commiserunt, Romani discesserunt.

   8. postquam: nachdem
   loci superiores: die höher gelegenen Stellen
   discedere: weggehen (discedo–discessi–discessum)

9. Pompeius acie excessit et in praetorium se contulit ibi eventum pugnae exspectans.

   9. praetorium: Feldherrnzelt
   se conferre: sich begeben (confero–contuli)
   ibi: dort
   eventus, us m.: Ausgang, Ende
   pugna: Schlacht

10. Consilio Catilinae perspecto Cicero senatores admonuit, ut consulem adiuvarent.

    10. perspicere: durchschauen
    (perspicio–perspexi–perspectum)
    admonere: ermahnen
    (admoneo–admonui–admonitum)

11. *Cicero:* Tandem Catilinam pestem patriae cogitantem ex urbe eiecimus. Hoste loco moto bellum iustum geremus nullo impediente.

    11. cogitare: denken an, sinnen auf
    eicere: hinauswerfen (eicio–eieci–eiectum)
    iustus, a, um: gerecht, gerechtfertigt
    geremus: -e- ist Futurzeichen
    nullus, a, um: keiner
    impedire: hindern

12. Consul postulavit, ut Catilina sociis comprehensis urbem relinqueret.

    12. postulare: fordern
    comprehendere: festnehmen
    (comprehendo–comprehendi–comprehensum)

13. Caesar navibus tempestate afflictis consilium mutavit.

    13. tempestas, tempestatis f.: Unwetter, Sturm
    affligere: beschädigen (affligo–afflixi–afflictum)

14. *Cicero:* Agitur gloria populi Romani a maioribus in omnibus rebus tradita.

    14. agitur: hier = steht auf dem Spiel
    tradere: übergeben, überliefern
    (trado–tradidi–traditum)

15. Maximis vectigalibus amissis subsidia belli non iam habemus.

    15. maximus, a, um: der größte
    vectigal, vectigalis n.: Steuer, Steuergebiet
    amittere: verlieren, aufgeben (amitto–amisi–amissum)
    subsidium: Hilfsmittel

Lingua
Latina

Partizipien / Partizip-Strukturen
→ P 69   → S 83   → P 70
→ A 8   → Z 101

Lectio
14

ex
efef

65

➤ **Infinitive der Gleichzeitigkeit**

Aktiv:	vocare	videre	audire	vincere	capere	esse
Passiv:	vocari	videri	audiri	vinci	capi	

➤ **Infinitive der Vorzeitigkeit**

Aktiv:	vocavisse	vidisse	audivisse	vicisse	cepisse	fuisse
Passiv:	vocatus, a, um esse	visus, a, um esse	auditus, a, um esse	victus, a, um esse	captus, a, um esse	

➤ **Infinitive der Nachzeitigkeit**

Aktiv: siehe Lektion 16
Passiv: siehe Lektion 24

Die Infinitive geben keine selbständige Zeitstufe einer Handlung an, sondern ein Zeitverhältnis (genauso wie die Partizipien).

➤ **Der Akkusativ mit Infinitiv (AcI)**

Cicero Catilinam videt. Cicero Catilinam oculis singulos ad caedem designare videt.

↓
Objekt   Objekt

Das Objekt des zweiten Satzes im Beispiel besteht aus einem Akkusativ (Catilinam) und einem Infinitiv (designare) sowie Erweiterungen zum Infinitiv (Objekt, adverbiale Erweiterungen).
Übersetzung: Cicero sieht den Catilina mit seinen Augen einzelne Leute für eine Ermordung vormerken.
        Cicero sieht, daß Catilina ... vormerkt.
Aus der zweiten Übersetzungsvariante wird deutlich, daß das Objekt zu videt (in seinem Kern ein Akkusativ und ein Infinitiv) ein eigenes „Informationszentrum" darstellt: mit einem Subjekt („Subjektsakkusativ" Catilinam) und einem Prädikat („Prädikatsinfinitiv" designare).
Catilinam designare ist also (vergleichbar den Partizip-Strukturen) ebenfalls eine Art „Satz im Satz", was sich durch die Übersetzung mit einem Neben-Satz (daß ...) widerspiegelt.

Cicero Catilinam in senatum venisse videt. Cicero Catilinam caedem senatorum cogitare scit.

        Objekt = AcI   Objekt = AcI

Im Deutschen ist nur noch eine Wiedergabe durch einen Neben-Satz mit „daß ..." möglich, bedingt durch einen Wechsel der Zeitstufe des Infinitivs (Beispiel 1: venisse statt venire) oder durch Wechsel des Hauptprädikats (Beispiel 2: scit statt videt).

Die lateinische Sprache dagegen „nützt" diese Möglichkeit eines „Satzes im Satz" in Form eines *Akkusativs mit einem Infinitiv (Accusativus cum Infinitivo = AcI)* in einem Maße, wie es die deutsche Sprache nicht kennt.

Der AcI findet sich in der lateinischen Sprache ...
... als Objekt bei   Verben des Sagens, Mitteilens und Meinens (z. B. dicere, nuntiare, putare)
                          Verben der geistigen und sinnlichen Wahrnehmung (z. B. cognoscere, sentire, dolere)

... als Subjekt bei   unpersönlichen Ausdrücken:

Ciceronem rem publicam servavisse constat.   **constat:** es steht fest
Catilinam coniurationem fecisse notum est.   **notum est:** es ist bekannt

Lingua
Latina

Infinitive / Infinitiv-Strukturen
→ I 46 → A 9 → S 84
→ S 83 → Z 101

Lectio
15

ex
efef

67

➤ **AcI und ut-Satz**

Frater scripsit matrem aegrotam esse. Scripsit, ut statim domum venirem.

ut-Satz ⇨ enthält eine Aufforderung, einen Wunsch.
AcI ⇨ enthält ein Faktum (bei iubere = befehlen, vetare = verbieten; velle = wollen, nolle = nicht wollen, malle = lieber wollen steht AcI, wenn ein Subjektswechsel stattfindet, sonst nur ein Infinitiv oder ein ut-Satz)

➤ **Pronomen im AcI**

Caesar legatis dixit se deditionem exspectare. Legati renuntiaverunt eum deditionem exspectare.

Ein Reflexivpronomen steht innerhalb des AcI, wenn durch dieses Pronomen das übergeordnete Subjekt wieder aufgenommen wird. Sonst findet sich ein Demonstrativpronomen.

➤ **AcI und Solitär-Infinitiv (Ergänzungsinfinitiv zum Prädikat)**

1. Helvetii omne frumentum comburere constituerunt.
   Non dubitaverunt emigrare.
2. Princeps arguitur regnum petere.
3. Verum dixisse videris.

1. **comburere:** verbrennen (comburo– -ussi– -ustum)
   dubitare: zögern, zaudern
2. **arguere:** beschuldigen (arguo–argui)
3. **verum:** das Wahre, die Wahrheit

Manche Prädikate lösen keinen AcI, sondern nur einen alleinstehenden Ergänzungsinfinitiv („Solitär"), z. B. im Deutschen „zögern, beginnen" etc. einen mit „zu ..." erweiterten Infinitiv, „können" einen nicht erweiterten. Im Lateinischen ist dies auch häufig der Fall, wenn das „Auslöser-Verb" eine Passivform etwa von dicere, iubere ist bzw. videri in der Bedeutung „scheinen". Bei der Übersetzung eines „Solitärs" empfiehlt sich zunächst immer eine strukturgleiche Übersetzung, man achte aber dann vor allem bei den Auslöser-Verben im Passiv auf eine sinnvolle deutsche Endübersetzung:

Germani **dicuntur** oculos caeruleos **habere**.

Strukturgleiche Übersetzung: Die Germanen „werden gesagt, himmelblaue Augen zu haben".
Sinnvolle Endübersetzung: Man sagt von den Germanen, daß sie himmelblaue Augen haben.

Milites ab imperatore **iubentur** castra **defendere**.

Strukturgleiche Übersetzung: Die Soldaten „werden vom Feldherrn geheißen, das Lager zu verteidigen".
Sinnvolle Endübersetzung: Den Soldaten wird vom Feldherrn befohlen, das Lager zu verteidigen.

➤ **Vorgehensweise bei der Übersetzung eines AcI oder eines Solitär-Infinitivs (bei Passivformen von dicere, iubere u. a. auch NcI = Nominativ mit Infinitiv genannt)**

1. **Markierung des Infinitivs** (es empfiehlt sich, ihn schwarz zu unterstreichen):
   a) Caesari nuntiatur Helvetios iter per provinciam facere. b) Dicuntur profectionem comparare.

2. **Suche nach dem Auslöser-Verb**, das darüber informiert, ob ein AcI oder ein Solitär-Infinitiv zu erwarten ist (am besten prüfe man dies anhand der deutschen Übersetzung des Auslöser-Verbs):
   Auslöser-Verb für den Infinitiv facere bei a) ist nuntiatum est: „es wird gemeldet, **daß ...** " ——— **AcI** zu erwarten!
   Auslöser-Verb für den Infinitiv comparare bei b) ist dicuntur: „sie werden gesagt, **zu ...** " ——— **Solitär** zu erwarten!

3. **Solitär-Infinitiv bleibt „solitär", beim AcI ist das „schwarze" Subjekt zu suchen, d. h. ein Subjektsakkusativ:**
   a) Caesari nuntiatur **Helvetios** iter per provinciam **facere**. b) Dicuntur profectionem comparare.

4. **Vorläufige Übersetzung:**
   a) Caesar wird gemeldet, daß die Helvetier ... machen. b) Sie „werden gesagt vorzubereiten".

5. **Deutsche Endübersetzung:**
   a) Caesar wird gemeldet, daß die Helvetier ihren Weg durch die Provinz nehmen (...wird gemeldet, die Helvetier nähmen ...).
   b) Man sagt von ihnen, daß sie ihren Aufbruch vorbereiten (man sagt, sie bereiteten ... vor).

 Lingua Latina

Infinitive / Infinitiv-Strukturen
→ *I 46* → *A 9* → *S 84*
→ *S 83* → *Z 101*

Lectio 15

ex
efef

 69

Übungssätze zu den Infinitiv-Strukturen

1. Caesar ab exploratoribus certior factus est hostes sub monte consedisse et proelium comparare.

2. Hostes exercitum valde laborare cognoverunt.

3. Caesar eo contendit putans oppidum facile expugnari posse.

4. Caesar magnam partem hostium trans Rhenum iam traductam esse cognovit.

5. Putabant me tibi persuasisse, ut id faceres.

6. Caesar pontem reficere coepit.

7. Legati se de deditione venisse dixerunt.

8. His navibus exercitus transportari non poterat.

9. Hostes non dubitaverunt proelio decertare.

10. Britanni Romanos sine impedimentis traductos esse intellexerunt.

11. Quis te, Catilina, defendere audet?

12. Scio te exspectari. Scio te frustra exspectatum esse.

13. Catilina se custodiri intellexit.
    Catilina se custoditum esse intellexit.

14. Catilina se observari senserat.
    Catilina se observatum esse senserat.

15. Caesar Helvetios obsides dare iubet.

16. Milites iubentur castra munire.

17. Consul coniuratores comprehendi iussit.

18. Veto te discedere. Vetaris discedere.

19. Consul cives servare voluit. Eos servari voluit.

20. Erravisse putamur.

1. **certiorem facere:** benachrichtigen
   sub (b. Akk. und Abl.): unter, am Fuße von
   considere: sich niederlassen (consido–consedi–consessum)

2. **laborare:** arbeiten; in Schwierigkeiten sein

3. **eo:** dorthin
   facile (Adverb): leicht
   posse: können

4. **iam:** schon, bereits
   traducere: hinüberführen (siehe ducere)

5. **putare:** meinen, glauben
   persuadere (m. Dativ): überreden (ut-Satz), überzeugen (AcI); (persuadeo–persuasi–persuasum)

6. **coepisse:** angefangen haben, begonnen haben
   reficere: wiederherstellen (reficio–refeci–refectum)

7. **deditio, deditionis f.:** Übergabe, Kapitulation

8. **transportare:** hinüberschaffen
   poterat: er, sie, es konnte

9. **dubitare:** zögern, zaudern
   proelio decertare: in einer Schlacht die Entscheidung suchen

10. **impedimenta, orum:** Troß, Gepäck

11. **quis?:** wer?
    audere: wagen (audeo)

12. **scire:** wissen (scio-scivi-scitum)
    frustra: vergeblich

13. **intellegere:** einsehen, erkennen (intellego–intellexi–intellectum)
    custodire: bewachen, überwachen

14. **sentire:** fühlen, merken (sentio–sensi–sensum)
    observare: beobachten

15. **obsides dare:** Geiseln stellen
    iubere: heißen, befehlen (iubeo–iussi–iussum)

16. **munire:** befestigen

17. **coniurator, coniuratoris m.:** Verschwörer
    comprehendere: festnehmen (comprehendo–comprehendi–comprehensum)

18. **vetare:** verbieten, untersagen
    discedere: weggehen, sich entfernen (discedo–discessi–discessum)

19. **velle:** wollen (volo–volui)
    servare: retten, bewahren

20. **errare:** irren

Lingua
Latina

Infinitive / Infinitiv-Strukturen
→ *I 46* → *A 9* → *S 84*
→ *S 83* → *Z 101*

Lectio
15

ex
efef

71

Cicero in einer Rede über ein vom Volkstribunen Rullus eingebrachtes Ackergesetz

1. Genus legis agrariae vituperare non possum.

2. Venit enim mihi in mentem Ti. et C. Gracchos plebem in agris publicis constituisse, qui agri a privatis possidebantur.

3. Non sum autem is consul, qui nefas esse putem Gracchos laudare, quorum consiliis, sapientia, legibus multas esse video rei publicae partes constitutas.

4. Itaque, ut initio mihi nuntiabatur legem agrariam tribunos plebis conscribere, cupiebam eos ostendere, quid cogitarent.

5. Etenim putabam oportere esse inter nos societatem.

6. Ostendi, si lex utilis plebi Romanae esse videretur, auctorem me atque adiutorem esse.

7. Negabant illi me adduci posse, ut largitionem probarem.

8. Interea non desinebant clam inter se convenire, ad suos coetus occultos noctem adiungere et solitudinem.

9. Iubent contionem advocari.

10. In contione Rullum explicavisse orationem longam notum est.

11. Unum erat, quod mihi vitiosum esse videbatur, quod nemo inveniri potuit, qui intellegere posset, quid Rullus diceret.

12. Sic confirmo, Quirites, hac lege agraria dari vobis nihil, condonari certis hominibus omnia, eripi libertatem, privatorum pecunias augeri, publicas exhauriri.

13. Maiores tribunum plebis esse custodem libertatis voluerunt.

14. Nunc Rullus studet reges in civitate constituere.

1. **lex agraria:** Ackergesetz
   vituperare: tadeln
   possum: ich kann
2. **mens, mentis f.:** Verstand, Sinn
   publicus, a, um: öffentlich
   constituere: hier = ansiedeln
   possidere: besitzen (possideo–possedi–possessum)
3. **autem:** aber
   nefas n.: Unrecht, Frevel
   sapientia: Weisheit, Klugheit
   constituere: hier = in Ordnung bringen
4. **itaque:** daher, deshalb
   tribunus plebis: Volkstribun
   conscribere: verfassen, ausarbeiten
   (conscribo–conscripsi–conscriptum)
5. **etenim:** nämlich
   oportet–oportuit: es gehört sich, es gehörte sich
   societas, societatis f.: Gemeinschaft, Gemeinsamkeit
6. **utilis, utile:** nützlich
   auctor, auctoris m.: Urheber, hier: Förderer
   adiutor, adiutoris m.: Helfer, Mitstreiter
7. **adducere:** veranlassen, verleiten
   posse: können
   largitio, largitionis f.: großzügige Schenkung
8. **interea:** inzwischen
   clam: heimlich
   convenire: zusammenkommen (siehe venire)
   occultus, a, um: versteckt, verborgen
   adiungere: hinzufügen (adiungo-adiunxi-adiunctum)
   solitudo, solitudinis f.: Einsamkeit
9. **contio, contionis f.:** Volksversammlung
   advocare: einberufen
10. **explicare orationem:** eine Rede halten
    notus, a, um: bekannt
11. **unum:** das einzige
    vitiosus, a, um: fehlerhaft, kritisierenswert
    potuit: er konnte
    quod: hier faktisches quod: daß
    invenire: finden (invenio–inveni–inventum)
    posset: Konjunktiv GZ I von posse = können
12. **sic:** so
    Quirites: Quiriten (Anrede für die Bürger Roms)
    condonare: schenken
    libertas, libertatis f.: Freiheit
    pecuniae, arum: Geld, Vermögen
    augere: vergrößern, vermehren (augeo–auxi–auctum)
    exhaurire: vergeuden (exhaurio–exhausi–exhaustum)
13. **custos, custodis m.:** Wächter, Hüter
14. **rex, regis m.:** König
    constituere: hier = einsetzen

Lingua
Latina

Infinitive / Infinitiv-Strukturen
→ I 46   → A 9   → S 84
→ S 83   → Z 101

Lectio
15

ex
efef

73

➤ **Das Partizip der Nachzeitigkeit Aktiv**

vocaturus, a, um: im Begriff zu rufen, willens zu rufen   entsprechend: visurus, a, um

auditurus, a, um

victurus, a, um

capturus, a, um

futurus, a, um (Partizip von esse)

Deklination: wie Adjektive der a- und o-Deklination

(1) Das Partizip der Nachzeitigkeit adjektivisch und substantivisch gebraucht:

1. Futuras res ignoramus.

2. Ave, Caesar, morituri te salutant.

> 2. **ave:** sei gegrüßt
> **moriturus:** Partizip der Nachzeitigket von
> **mori:** sterben

(2) Das Partizip der Nachzeitigkeit in Verbindung mit esse:

3. Opus perfecturus / perfectura sum.

> 3. **opus, operis n.:** Werk
> **perficere:** vollenden
> (perficio–perfeci–perfectum)

4. Centuriones portas perfracturi erant. Tum ab hostibus oppressi sunt.

> 4. **perfringere:** aufbrechen
> (perfringo–perfregi–perfractum)
> **opprimere:** überwältigen
> (opprimo–oppressi–oppressum)

5. Montem ascensuri fueramus. Tempestas autem nos prohibuerat.

> 5. **tempestas, tempestatis f.:** Unwetter, Gewitter

6. Helvetii omne frumentum, praeter quod secum portaturi sunt, comburunt.

> 6. **frumentum:** Getreide
> **praeter (b. Akk.):** vorbei an, außer
> **comburere:** verbrennen
> (comburo–combussi–combustum)

(3) Das Partizip der Nachzeitigkeit als Participium coniunctum:

7. Caesar in Britanniam navigaturus in urbem vocatus est.

> 7. **navigare:** segeln

8. Hominibus in illa loca demigraturis occurristis.

> 8. **demigrare:** hinwandern
> **occurrere:** begegnen, entgegenlaufen
> (occurro–occurri–occursum)

9. Reliquam coniuratorum manum urbem relicturam Cicero comprehendit.

> 9. **reliquus, a, um:** der übrige, restliche

10. Consules nomen salutemque populi Romani defensuros omnes boni adiuverunt.

> 10. **salus, salutis f.:** Wohl
> **bonus:** hier = Gutgesinnter

11. Verres regem oppidum noctu relicturum et fugiturum prohibuit navem ascendere.

> 11. **rex, regis m.:** König
> **noctu:** in der Nacht

Lingua
Latina

Partizip der Nachzeitigkeit
Infinitiv der Nachzeitigkeit
→ P 69   → I 46

Lectio
16

ex
efef

75

(4) Das Partizip der Nachzeitigkeit in Verbindung mit dem Konjunktiv von esse als Ersatz für den Konjunktiv der Nachzeitigkeit

12. Me certiorem facias, quo iter facturus sis!
    Me certiorem fecisti, quo iter fecisses.

13. Ignoratis, quid visuri sitis. Ignoramus, quid videritis.

14. Caesar pontem facturus et exercitum in fines Germanorum ducturus erat. Sed ignorabat, quomodo Germani se defensuri essent. Non dubitavit, quin hostes copias suas iam coegissent et bellum gesturi essent.

12.	**certiorem facere:** benachrichtigen **quo?:** wohin?
13.	**ignorare:** nicht wissen **quid?:** was?
14.	**pons, pontis m.:** Brücke **exercitus, us m.:** Heer **quomodo:** auf welche Weise, wie **non dubitare, quin** (m. Konj.): nicht daran zweifeln, daß **cogere:** zusammenziehen, zwingen (cogo–coegi–coactum) **bellum gerere:** Krieg führen

(5) Das Partizip der Nachzeitigkeit und die Grundform von esse = Infinitiv der Nachzeitigkeit Aktiv (esse kann häufig fehlen) (Infinitiv der Nachzeitigkeit Passiv: Lektion 24)

15. Nonnulli statum rei publicae convulsuri esse videntur.

16. Helvetii sperabant se finitimis persuasuros esse.
    Helvetii sperabant a se omnia comparata esse.

17. Caesar legatis respondit se diem sumpturum.
    Legati nuntiaverunt Caesarem diem sumpsisse.

18. Caesar negat se Helvetiis iter per provinciam dare posse. Se, si facerent, id prohibiturum ostendit.

19. Ille videtur scelus commisisse.
    Ille videtur scelus commissurus esse.

20. Britanni neminem Romanis victis postea in Britanniam venturum confidebant.

21. Cicero numerum hostium crevisse cognovit.
    Cicero numerum hostium crescere cognovit.
    Cicero numerum hostium creturum esse cognovit.

22. Cicero coniuratores inter falcarios conventuros praedixerat.

23. Cicero Catilinam a sociis exspectatum esse comperit.
    Cicero Catilinam a sociis exspectari comperit.
    Cicero socios Catilinam exspectaturos comperit.

24. Caesar Germanos auxilio arcessitos esse et nunc Gallos adiuturos esse existimat.

15.	**nonnulli:** einige, manche **convellere:** umdrehen, umstürzen (convello–convelli–convulsum) **videri:** scheinen (videor-visus sum)
16.	
17.	**respondere:** antworten (respondeo–respondi–responsum) **diem sumere:** einen Tag Bedenkzeit ausbitten **renuntiare:** zurückmelden
18.	**negare:** verneinen, abstreiten; behaupten, daß nicht **iter, itineris n.:** Marsch **posse:** können
19.	**scelus committere:** ein Verbrechen begehen
20.	**nemo, neminis:** niemand **postea:** später **confidere:** darauf vertrauen (confido)
21.	**crescere:** wachsen (cresco–crevi–cretum) **cognoscere:** erkennen (cognosco–cognovi–cognitum)
22.	**inter falcarios:** „in der Sichelschmiedgasse" **convenire:** zusammenkommen **praedicere:** voraussagen
23.	**exspectare:** erwarten **comperire:** erfahren (comperio–comperi–compertum)
24.	**arcessere:** herbeiholen, herbeirufen (arcesso–arcessivi–arcessitum) **existimare:** meinen, glauben

Lingua
Latina

Partizip der Nachzeitigkeit
Infinitiv der Nachzeitigkeit
→ P 69   → I 46

Lectio
16

ex
efef

77

➤ Indirekte Reflexivität

Reflexivpromina finden sich im lateinischen Satz in finiten Satzstrukturen („rote" Subjekte und Prädikate), Partizip-Strukturen („grüne" Subjekte und Prädikate), Infinitiv-Strukturen („schwarze" Subjekte und Prädikate) und konjunktivischen Neben-Sätzen (vgl. dazu Übersetzungstechnik Lektion 29)

Das bedeutet: das Reflexivpronomen sollte zunächst im Deutschen nie mit einem Reflexivpronomen übersetzt werden.

Vielmehr ist zu prüfen, ob das Pronomen
- innerhalb einer Partizip-Struktur das „grüne" Subjekt oder das „rote" Subjekt,
- innerhalb einer Infinitiv-Struktur das „schwarze" Subjekt oder das „rote" Subjekt,
- innerhalb eines konjunktivischen Neben-Satzes das „rote" Subjekt des Neben-Satzes oder das „rote" Subjekt des übergeordneten Satzes ersetzt.
  Eine korrekte Wiedergabe im Deutschen bereitet dann keine Schwierigkeiten mehr!

---

1. Cicero illos ad se venturos esse praedixerat.

2. Legati auxilio sibi promisso discesserunt.

3. Caesar se Ubiis auxilio venturum esse promisit.
   Ubii sperabant eum sibi auxilio venturum esse.

4. Ariovistus Caesari dixit se a Gallis arcessitum esse.
   Eos se arcessivisse demonstrat. Eos sibi nocituros esse demonstrat, si nunc se desererent.

5. Ariovistus putat non oportere se a Caesare in suo iure impediri. Dicit neminem secum sine sua pernicie contendisse. Caesar putat oportere se postulata eius recusare.

6. Caesar Haeduos accusabat, quod se deseruissent, quod consilia sua hostibus enuntiavissent, quod pollicitationes suas non solverent.

7. Hostes Caesarem imploraverunt, ut sibi parceret.
   Caesar imploratus est, ut eis parceret.

8. Cicero postulavit, ut Catilina se metu liberaret.

9. Cicero postulavit, ut Catilina se ex urbe reciperet.

10. Incolae, qui in summo periculo erant, optaverunt, ut socii sibi adessent.

11. Socii autem optaverunt, ut incolae sibi adessent.

---

1. **praedicere:** voraussagen (vgl. dicere)

2. **promittere:** versprechen (vgl. mittere)
   discedere: weggehen (discedo–discessi–discessum)

3. **Ubii:** die Ubier (germanischer Volksstamm)

4. **demonstrare:** darlegen
   deserere: im Stich lassen
   (desero–deserui–desertum)

5. **oportet–oportuit:** es gehört sich
   impedire: hindern
   pernicies, perniciei f.: Vernichten Verderben
   contendere: hier = kämpfen
   postulatum: Forderung
   recusare: zurückweisen

6. **accusare:** anklagen, beschuldigen
   enuntiare: verraten
   pollicitatio, pollicitationis f.: Versprechung
   solvere: lösen, zahlen, einlösen
   (solvo–solvi–solutum)

7. **implorare:** anflehen
   parcere (m. Dat.): schonen (parco–peperci)

8. **postulare:** fordern
   metus, us m.: Furcht
   liberare: befreien

9. **se recipere:** sich zurückziehen
   (recipio–recepi–receptum)

10. **incola:** Einwohner
    summus, a, um: der höchste, größte
    periculum: Gefahr
    optare: wünschen
    adesse: beistehen, helfen

1. Victores victoria gloriantur.

2. Libenter colloquimini.

3. Successu laetatus sum.

4. Homines saepe sortem queruntur.

1. **gloriari (m. Abl.):** sich rühmen

2. **colloqui:** sich unterhalten

3. **laetari (m. Abl.):** sich freuen
   successus, us m.: Erfolg

4. **queri (m. Akk.):** sich beklagen über, etwas beklagen

> **Es gibt Verben, die nur in „passiver" Form auftreten und stets „reflexiv" übersetzt werden!**

5. Loquaris, quod sentis! Sentias, quod loqueris!

6. Helvetii proelium redintegrare cunctati non sunt.

7. Qui tacet, assentiri videtur.

8. Gloria virtutem tamquam umbra sequitur.

5. **loqui:** sprechen, sagen
   sentire: fühlen, merken (sentio–sensi–sensum)

6. **cunctari:** zögern
   redintegrare: wiederaufnehmen, erneuern

7. **assentiri:** zustimmen

8. **sequi (m. Akk.):** jemandem folgen
   tamquam (Adverb): gleichwie
   umbra: Schatten

> **Es gibt Verben, die nur in „passiver" Form auftreten und nur ausschließlich aktivisch übersetzt werden!**

➤ **Deponentien (Sing.: Deponens) sind Verben, die nur in passiven Formen auftreten, von ihrer Bedeutung her aber „aktivisch" oder „reflexiv" sind.**

9. Non audemus, quod vos ausi estis.

10. Gaudeamus igitur, iuvenes dum sumus!

11. Omnes gavisi sunt.

12. Utinam omnes integri revertantur!

13. Interim integri reverterunt.

9. **audere:** wagen (audeo–ausus sum)

10. **gaudere:** sich freuen (gaudeo–gavisus sum)
    igitur: also
    dum: solange
    iuvenis, iuvenis m.: Jüngling, junger Mann, jung

12. **reverti:** zurückkehren (revertor–reverti)
    integer, integra, integrum: unversehrt, unverletzt

13. **interim:** inzwischen

➤ **Semideponentien: einige wenige Verben sind nur „zur Hälfte" Deponentien, d. h. entweder im Präsensstamm oder im Perfektstamm, ansonsten erscheinen sie „ganz normal".**

➤ **Partizipien:** sequens, sequentis – secutus, a, um – secuturus, a, um
audens, audentis – ausus, a, um – ausurus, a, um

➤ **Infinitive:** sequi – secutus, a, um esse – secuturus, a, um esse
audere – ausurus, a, um esse – ausurus, a, um esse

Übungssätze zu den Deponentien und Semideponentien

1. Caesar flumen transgressus est, ut hostes aggrederetur.

2. In periculo maximo versabaris.

3. Utinam otio fruamini!

4. Hostes veriti, ne circumvenirentur, ad suos se receperunt. Militibus aggredientibus non restiterunt.

5. Helvetii sperabant se tota Gallia potituros esse.

6. Caesar nactus idoneam tempestatem naves solvit.

7. Nuntiatum est Helvetios in fines Haeduorum invasisse et agros populatos esse.

8. Ille recordatur hanc poenam in improbos cives usurpatam esse.

9. Catilina arbitratur coniurationem occultam esse.

10. Catilina ausus erat in senatum venire.

11. Nemo fatetur id iure factum esse.

12. Omnes id admirantur.

13. Hoc consilio usi milites impetum fecerunt.

14. Hostes paludem transgredi conati sunt.

15. Res omnibus indigna videbatur.

16. Exempla bona imitemur!

17. In hoc locum profectus eram.

18. Video: iam revertisti. Nunc etiam amicus tuus revertitur.

19. Omnes gavisi sunt. Etiam tu gaudes.

20. Exercitus ab eo loco proficiscitur et ad castra hostium magno circuitu ducitur.

21. Te moratus sum. Nunc diu moratus es.

22. Germani lacte et frugibus vescebantur.

---

1. **aggredi**: angreifen (aggredior–aggressus sum)
   transgredi (wie aggredi): überschreiten

2. **versari**: sich aufhalten, sich befinden

3. **frui (m. Abl.)**: genießen (fruor–fructus sum)
   otium: Muße

4. **vereri**: fürchten (vereor–veritus sum)
   ne: nach Verben des Fürchtens = daß
   resistere: Widerstand leisten (resisto–restiti)

5. **totus, a, um**: ganz
   potiri (m. Abl.): sich bemächtigen

6. **nancisci**: erreichen, erlangen (nanciscor–nactus sum)
   tempestas, tempestatis f.: Wetter, Wind
   solvere: lösen, loslösen (solvo–solvi–solutum)

7. **populari**: verwüsten

8. **recordari**: sich erinnern
   improbus, a, um: gottlos, verrucht
   usurpare: hier: Anwendung finden

9. **arbitrari**: glauben, meinen

10. **audere**: wagen (audeo–ausus sum)

11. **fateri**: bekennen, zugeben (fateor–fassus sum)

12. **admirari**: bewundern

13. **uti (m. Abl.)**: benützen, gebrauchen (utor–usus sum)

14. **palus, paludis f.**: Sumpf
    conari: versuchen

15. **indignus, a, um**: unwürdig
    videri: scheinen (videor–visus sum)

16. **exemplum**: Beispiel, Vorbild
    imitari: nachahmen

17. **proficisci**: aufbrechen, marschieren, reisen (proficiscor–profectus sum)

18. **reverti (Semideponens)**: zurückkehren (revertor–reverti)

19. **gaudere**: sich freuen (gaudeo–gavisus sum)

20. **circuitus, us m.**: Umweg

21. **morari**: jemanden aufhalten, sich aufhalten

22. **lac, lactis n.**: Milch
    frux, frugis f.: Feldfrucht
    vesci: sich ernähren (vescor)

➤ Steigerungsstufen des Adjektivs

Positiv:	„Normalform"	Arbor alta est.
Komparativ:	Vergleichsstufe	Haec arbor est altior quam illa (Dieser Baum ist höher als jener)
		Haec arbor est altior: absoluter Komparativ bei fehlendem direkten Vergleich (Dieser Baum ist ziemlich hoch, ist allzu hoch, recht hoch)
Superlativ:	Höchststufe	Haec arbor altissima est in eo horto (Dieser Baum ist der höchste in diesem Garten)
		Haec arbor est altissima: Elativ bei fehlender Gegenüberstellung (Dieser Baum ist sehr hoch, äußerst hoch)

Regelmäßige Steigerung

1. Fluvios comparamus: Moenus est fluvius longus, longior est Rhenus, longissimus fluvius Europae est Danuvius.

   1. **comparare:** vergleichen
      fluvius: Fluß
      longus, a, um: lang
      Moenus: Main
      Danuvius: Donau

2. Ab homine prudentiore libenter discimus.

   2. **prudens, prudentis:** klug
      libenter (Adverb): gern
      discere: lernen (disco–didici)

3. Tempora feliciora desideramus. Desiderium temporum feliciorum nos tenet.

   3. **felix, felicis:** glücklich
      desiderare: ersehnen
      tenere: festhalten (teneo–tenui-tentum)
      desiderium: Wunsch, Sehnsucht

4. Exempla sunt utiliora quam verba.

   4. **exemplum:** Beispiel
      utilis, utile: nützlich

5. Quo vehementiores sunt cupiditates, eo periculosiores sunt.

   5. **quo – eo:** je – desto (bei Komparativen)
      vehemens, vehementis: heftig
      cupiditas, cupiditatis f.: Leidenschaft
      periculosus, a, um: gefährlich

6. Res publica e crudelissimo interitu erepta est.

   6. **crudelis, crudele:** grausam
      interitus, us m.: Untergang
      eripere: entreißen (eripio–eripui–ereptum)

7. Hoc dictum Ciceronis clarissimum est: res publica mihi carior est quam vita mea.

   7. **dictum:** Ausspruch
      clarus, a, um: berühmt
      carus, a, um: lieb, teuer

8. Nihil est dulcius melle?

   8. **dulcis, dulce:** süß, angenehm
      mel, mellis n.: Honig
      nihil: nichts

Variante 1: Adjektive auf -er

9. Nihil miserius est quam servitus. Miserrima est servitus voluntaria.

   9. **miser, misera, miserum:** elend, unglücklich
      servitus, servitutis f.: Knechtschaft, Sklaverei
      voluntarius, a, um: freiwillig

10. In celebriore urbe habitatis quam nos. In celeberrima urbe Marcus habitat.

    10. **celeber, celebris, celebre:** vielbesucht, berühmt
        habitare: wohnen

Variante 2: Steigerung mit anderen Stämmen

11. Boni homines meliore exemplo ad optimum facinus incitantur.

    11. **facinus, facinoris n.:** Handlung, Tat
        incitare: anstacheln, antreiben

12. Multi cives in vicis habitant, plures in oppidis, plurimi in urbe.

    12. **vicus:** Dorf
        urbs: hier = Hauptstadt, Metropole

13. Sibi imperare est imperium maximum. Nihil maius est.

    13. **imperare (m. Dat.):** befehlen, herrschen über
        imperium: hier = Form von Herrschaft

14. *Seneca:* Peiores mores domum reduco quam domo eduxi.

    14. **domum:** nach Hause; **domo:** von zu Hause
        reducere: zurückbringen (siehe ducere)
        educere: hinausführen

Lingua
Latina

Steigerung der Adjektive / Adverb-Bildung
→ S 86   → A 13

Lectio
19

ex
efef

85

Variante 3: einige Adjektive auf -ilis, -ile

15. Eae res, quas difficillimas putamus, saepe facillimae sunt.

16. Misereamur hominum humillimorum et miserrimorum!

17. Aliae res sunt faciliores, aliae difficiliores.

15. **difficilis, difficile:** schwierig
    putare (doppelter Akk.): halten für
    facilis, facile: leicht

16. **misereri:** sich erbarmen (misereor–miseritus sum)
    humilis, humile: niedrig, einfach

17. **alius – alius:** der eine – der andere

Variante 4: Steigerung durch magis und maxime

18. Idonei viri rem publicam gubernent! Si ii, qui nunc eam gubernant, inutiles sunt, magis idoneos quaeramus!

19. Rei publicae praesit, qui maxime idoneus est.

20. Sibi imperare est imperium maxime necessarium.

18. **idoneus, a, um:** geeignet
    gubernare: lenken, regieren
    inutilis, inutile: unbrauchbar, ungeeignet
    magis: mehr

19. **praeesse:** voranstehen (praesum–praefui)
    maxime: am meisten

20. **necessarius, a, um:** notwendig

Unvollständige Steigerungsreihen

21. Prioris est discipulus posterior dies.

22. Extremum audes.

23. Intima desideria tua non ignoramus.

21. **prior, prioris:** der frühere, erstere
    posterior, posterioris: der spätere, letztere
    postremus, a, um: der letzte
    discipulus: Schüler

22. **exterior, exterioris:** der äußere
    extremus, a, um: der äußerste

23. **interior, interioris:** der innere
    intimus, a, um: der innerste

➤ **Adverbbildung der Adjektive**

Avis pulchra est — pulcher als Adjektiv nennt die Eigenschaft, Beschaffenheit des Vogels

Avis pulchre cantat — pulchre als Adverb nennt die Art und Weise des Singens (der Vogel muß nicht schön sein!)

Regelmäßige Adverbbildung:

24. Beate (feliciter) vivimus.

25. Romani victos neque superbe neque crudeliter tractabant.

26. Fortiter in re, suaviter in modo!

24. **beatus, a, um:** glücklich
    vivere: leben (vivo–vixi–victum)
    felix, felicis: glücklich

25. **superbus, a, um:** hochmütig
    crudelis, crudele: grausam
    tractare: behandeln

26. **fortis, forte:** tapfer, stark
    suavis, suave: angenehm, süß
    modus: Art und Weise

Steigerung des Adverbs:

27. Pares facilius cum paribus congregantur.

28. Tyrannus crudelius regnabat.

29. Celerrime et tutissime in urbem vecti estis.

27. **par, paris:** gleich
    congregari: sich vereinigen

28. **tyrannus:** Tyrann, Gewaltherrscher
    regnare: regieren, herrschen

29. **celer, celeris, celere:** schnell
    tutus, a, um: sicher
    vehi: fahren (vehor–vectus sum)

Ausnahmen der Adverbbildung:

30. Prudenter et simul audacter agatis!

31. Facile hunc montem ascendimus.

32. Bis dat, qui cito dat.

30. **prudens, prudentis:** klug
    audax, audacis: kühn, wagemutig
    simul: zugleich

31. **ascendere:** besteigen (ascendo–ascendi–ascensum)

32. **bis:** zweimal
    citus, a, um: schnell

Ambulare pulchrum est = es ist schön spazierenzugehen oder: das Spazierengehen ist schön.

Subjekt in diesem Satz ist der Infinitiv, der im Deutschen wie im Lateinischen als Substantiv dekliniert werden kann. Die deklinierten Formen des lateinischen Infinitivs nennt man auch Gerundium.

➤ **Das Gerundium ist ein „Verbal-Substantiv" (= deklinierter Infinitiv). Das Gerundium bewahrt seine „verbalen" Eigenschaften: Erweiterungsmöglichkeiten durch Objekt und / oder Adverb.**

---

1. Aestate in mari navigare soles. Peritus es navigandi.

2. Quae necessaria sunt ad navigandum, iam vere comparas. Natando corpus exerces.

3. Docendo discimus.

4. Mihi occasio est legendi.
   Mihi est occasio multos libros legendi.

5. Spes urbem celeriter capiendi milites fefellit.

6. Paratus sum ad audiendum.

7. Erat nobis occasio colloquendi.

8. Praedandi causa Germani Rhenum transgressi sunt.

1. **aestas, aetatis f.:** Sommer
   solere: gewohnt sein, pflegen (soleo–solitus sum)
   peritus, a, um: kundig
2. **necessarius, a, um:** notwendig, nötig
   ver, veris n.: Frühling
   natare: schwimmen
   exercere: üben, trainieren (exerceo–exercui)
3. **docere:** lehren, unterrichten (docere–doceo–docui)
   discere: lernen (disco–didici)
4. **occasio, occasionis f.:** Gelegenheit
   legere: lesen (lego–legi–lectum)
5. **spes, spei f.:** Hoffnung
   capere: einnehmen (capio–cepi–captum)
   fallere: täuschen, trügen (fallo–fefelli)
6. **paratus, a, um:** bereit
7. **colloqui:** sich unterhalten (colloquor–collocutus sum)
8. **causa (b. Gen.):** wegen
   praedari: Beute machen

➤ **Ähnliche Aufgaben wie das Gerundium, doch in anderer grammatischer Konstruktion, erfüllt auch das Gerundivum. Das Gerundivum ist ein „Verbal-Adjektiv" (vocandus = „ein zu rufender"). In Verbindung mit esse erfüllt es weitere Aufgaben: dann bedeutet es ein „müssen", verneint ein „nicht dürfen". Erweiterungsmöglichkeit: Adverb.**

Man kann ein Gerundivum im Deutschen zunächst immer hilfsweise mit dem sog. deutschen Gerundivum „ein zu rufender Freund", „zu schließende Fenster" etc. übersetzen, um sich dann eine passende gute Endübersetzung zu überlegen.

a) **Artem rei publicae bene administrandae pauci didicerunt.**
   Vorläufige Übersetzung: „Die Kunst des gut zu regierenden Staates haben nur wenige gelernt".
   Endübersetzung: z. B. Die Kunst, den Staat gut zu regieren, haben nur wenige gelernt. (Andere Möglichkeiten?)
b) **Hi libri legendi sunt, illi legendi non sunt.**
   Vorläufige Übersetzung: „Diese Bücher sind ja zu lesende, jene ja nicht zu lesende!"
   Endübersetzung: Diese Bücher sind zu lesen (müssen gelesen werden), jene dürfen nicht gelesen werden.
c) **Der Dativ beim Gerundivum nennt, wer etwas tun muß:**
   Libri **tibi** legendi sunt = die Bücher sind für dich zu lesende = du mußt die Bücher lesen.

---

(1) Das attributive Gerundivum (ohne Sinn-Richtung)

9. Prudentiam adhibeatis in consiliis capiendis!

10. Legiones se ad bellum gerendum paratas esse confirmant.

9. **prudentia:** Klugheit
   adhibere: anwenden (adhibeo–adhibui–adhibitum)
10. **confirmare:** bekräftigen, versichern

Lingua
Latina

Gerundium / Gerundivum
→ G 36

Lectio
20

ex
efef

89

11. Illi conatus ad delendam rem publicam pertinent.

> 11. **pertinere**: hier = abzielen auf
> **conatus, us m.**: Versuch

12. Cupiditas belli gerendi militibus iniecta est.

> 12. **inicere**: „hineinwerfen" (inicio–inieci–iniectum)
> **cupiditas, cupiditatis f.**: Wunsch, Begierde

13. Consul multo acrius ad servandam rem publicam vigilat quam Catilina ad evertendam.

> 13. **evertere**: „umdrehen", vernichten (everto–everti–eversum)
> **vigilare**: wachen, wachsam sein

(2) Das prädikative Gerundivum

14. Caesar veteres naves reficiendas curavit.

> 14. **vetus, veteris**: alt
> **reficere**: reparieren (reficio–refeci–refectum)
> **curare**: sorgen für

15. Hos homines minime pertimescendos puto.

> 15. **minime**: am wenigsten
> **pertimescere**: fürchten (pertimesco–pertimui)
> **putare**: halten für

16. Imperator oppidum militibus diripiendum tradidit.

> 16. **diripere**: plündern (diripio–diripui–direptum)
> **tradere**: übergeben, überlassen (trado–tradidi–traditum)

17. Cicero coniuratores in vincula coniciendos iudicavit.

> 17. **vinculum**: Fessel, Kette
> **conicere**: werfen (conicio–conieci–coniectum)
> **iudicare**: halten für; betrachten als

(3) Das Gerundivum in Verbindung mit esse (mit Sinn-Richtung: sollen, müssen; nicht dürfen)

18. *Cato:* Ceterum censeo Carthaginem esse delendam.

> 18. **ceterum**: im übrigen
> **censere**: schätzen, der Ansicht sein (censeo–censui)

19. Omnibus hominibus moriendum est.

> 19. **mori**: sterben (morior–mortuus sum)

20. Omnia uno tempore agenda erant.

> 20. **unus, a, um**: ein einziger
> **agere**: handeln, tun (ago–egi–actum)

21. Nonnullae res celandae non sunt.

> 21. **nonnulli, ae, a**: einige, manche
> **celare**: verheimlichen, verbergen

22. *Seneca:* Nobis vir bonus eligendus et ante oculos est habendus.

> 22. **eligere**: auswählen, aussuchen (eligo–elegi–electum)
> **oculus**: Auge
> **ante (b. Akk.)**: vor

23. Bella suscipienda non sunt.

> 23. **suscipere**: aufnehmen, unternehmen (suscipio–suscepi–susceptum)

24. Nobis numquam quiescendum est in studendo.

> 24. **numquam**: niemals
> **quiescere**: ruhen (quiesco–quievi)
> **studere**: sich eifrig bemühen (studeo–studui)

(4) Das Gerundivum in Verbindung mit einem Pronomen

25. Venistis mei salutandi causa.

> 25. **causa (b. Gen.)**: wegen, um ... willen
> **salutare**: begrüßen

26. Legati venerunt sui purgandi causa.

> 26. **legatus**: Gesandter, Unterhändler
> **purgare**: rechtfertigen

27. Dona apportavistis nostri delectandi causa.

> 27. **donum**: Geschenk
> **delectare**: erfreuen

28. Desiderium tui videndi me occupat.

> 28. **desiderium**: Sehnsucht
> **occupare**: besetzen, ergreifen

(5) Gerundium oder Gerundivum? Verbal-Substantiv oder Verbal-Adjektiv?

28. Etsi summa difficultas erat pontem faciendi, tamen Caesar putabat exercitum aliter non esse traducendum.

    28. etsi: auch wenn
    aliter: anders, auf andere Weise

29. Cicero orationem habuit de imperatore ad id bellum deligendo.

    29. orationem habere: eine Rede halten
    deligere: auswählen (deligo–delegi–delectum)

30. Ad haec cognoscenda Caesar exploratores praemisit.

    30. cognoscere: erkennen, erfahren
    explorator, exploratoris m.: Kundschafter

31. Vobis hae condiciones accipiendae non sunt.

    31. condicio, condicionis f.: Bedingung
    accipere: annehmen (accipio–accepi–acceptum)

32. Propter anni tempus Caesar facultatem non habuit belli gerendi.

    32. propter (b. Akk.): wegen
    facultas, facultatis f.: Möglichkeit, Fähigkeit

33. Studium res novas cognoscendi nos tenet.

    33. studium: eifrige Bemühung
    novus, a, um: neu

34. Militibus simul de navibus desiliendum et in fluctibus consistendum et cum hostibus pugnandum erat.

    34. simul: gleichzeitig
    desilire: herabspringen (desilio–desilui)
    consistere: hier = Fuß fassen

35. *Cicero:* Magna deis gratia habenda est.

    35. gratiam habere: Dank abstatten

36. Illae dissensiones non ad delendam, sed ad commutandam rem publicam pertinent.

    36. dissensio, dissensionis f.: Streitigkeit
    commutare: verändern
    pertinere ad: hier = abzielen auf

37. Caesar necessariis rebus imperatis ad milites monendos decurrit.

    37. decurrere: hineilen (decurro–decurri)
    necessarius, a, um: notwendig

38. Catilina consilium bellum faciendi non abiecit.

    38. abicere: wegwerfen, hier = aufgeben
    (abicio–abieci–abiectum)

39. Illud mihi pertimescendum non puto.

    39. pertimescere: fürchten (pertimesco–pertimui)
    putare: meinen, glauben

40. *Cicero:* Hostes in vincula iaciendos curavi.

    40. vinculum: Fessel, Kette
    curare: sorgen für

41. His confidendum est, illis diffidendum.

    41. confidere: trauen, vertrauen (confido–confisus sum)
    diffidere: mißtrauen (diffido–diffisus sum)

42. Ad conatus reprimendos consul paratus erat.

    42. reprimere: unterdrücken, vereiteln
    (reprimo–repressi–repressum)

Einige Sentenzen:

43. Nihil agendo male agere discis.

    43. nihil: nichts
    male (Adverb): schlecht, böse

44. *Aufgabe der Satire nach Horaz:* Ridendo dicere verum.

    44. verum: das Wahre, die Wahrheit

45. Ut desint vires, tamen est laudanda voluntas.

    45. ut (m. Konj.): wenn auch
    deesse: fehlen

46. Gutta cavat lapidem non vi, sed saepe cadendo.

    46. gutta: Tropfen
    cavare: aushöhlen
    lapis, lapidis m.: Stein

➤ Das Nominal-Prädikativum

Amici venerunt   Die Freunde sind gekommen.

Marcus ultimus venit.   „Der letzte Markus kam" – diese Aussage mit ultimus als Attribut ergäbe keinen Sinn.

„ultimus" kann in diesem Sinnzusammenhang kein Attribut sein, das zur Unterscheidung, näheren Kennzeichnung dient, „ultimus" stellt vielmehr eine Zusatzaussage dar, die inhaltlich auch auf das Prädikat des Satzes bezogen ist: Markus kam (auch), „und zwar war er der letzte": „Markus kam zuletzt. Markus kam als letzter."

Das Nominal-Prädikativum ist ein Nomen, das formal zu einem weiteren Nomen gehört, inhaltlich aber eine Zusatzangabe zum Prädikat hinzufügt. Im Deutschen kann es genauso ohne Zusatz wiedergegeben oder häufig mit der Formulierung „als ..." in den Satz eingebaut werden.

Auch im Deutschen gibt es ein Nominal-Prädikativum:
„Der Kellner brachte den kalten Braten auf den Tisch": „kalt" ist Attribut
„Der Kellner brachte den Braten kalt auf den Tisch":   „kalt" ist Nominal-Prädikativum

---

1. Omnes integri reveniatis!

2. Quem dei diligunt, is adulescens moritur.

3. Gubernator ultimus navem relinquit.

4. Tu solus periculum animadvertisti.

5. *Tempelinschrift:* Bonus intres, melior discedas!

6. Helvetii legatos ad Caesarem miserunt principes civitatis.

7. *Cicero über sich:* Rem publicam defendi adulescens, non deseram senex.

8. Quod puer didicisti, nunc tibi viro prodest.

Ein sterbender römischer Adlerträger (Fähnrich) ruft seinen Kameraden zu:

9. „Hanc ego aquilam vivus multos per annos magna diligentia defendi et nunc moriens eadem fide Caesari restituo.

10. Vos obsecro: ne committatis, quod ante in exercitu Caesaris non accidit, ut rei militaris dedecus admittatur, incolumemque ad eum portetis aquilam!"

11. Hoc casu aquila conservatur omnibus primae cohortis centurionibus interfectis.

---

1. **integer, integra, integrum:** unversehrt
   revenire: zurückkommen

2. **diligere:** hochachten, lieben (diligo–dilexi–dilectum)
   adulescens, adulescentis m.: junger Mann, Jüngling

3. **gubernator, gubernatoris m.:** Steuermann, Kapitän

4. **solus, a, um:** allein

5. **intrare:** eintreten
   discedere: wieder hinausgehen

6. **princeps, principis m.:** Fürst
   civitas, civitatis f.: Bürgerschaft, Stamm

7. **deserere:** im Stich lassen (desero–deserui–desertum)
   deseram: Futurform
   senex, senis m.: alter Mann

8. **puer, pueri:** Junge, Knabe
   vir, viri: Mann
   prodest: es nützt

9. **aquila:** Legionsadler
   vivus, a, um: lebend
   diligentia: Sorgfalt
   restituere: hier = zurückgeben
   fides, fidei f.: Treue

10. **obsecrare:** beschwören
    dedecus, dedecoris n.: Schande
    committere: zulassen (siehe mittere)
    admittere: zufügen (siehe mittere)
    portare: tragen

11. **casus, us m.:** Fall, Zufall
    primus, a, um: der erste

Lingua
Latina

Nominai-Prädikativum /
Sonderform abl. abs.
➤ N 65   ➤ A 8

Lectio
21

ex
efef

95

➤ **Eine Sonderform des Ablativus absolutus**

Cicerone consule Catilina coniurationem fecit.
Terra circum solem **luna comite** movetur.

> **luna:** Mond
> **circum (b. Akk.):** um ... herum

Eine Sonderform des Ablativus absolutus (Nominal-abl. abs.) ergibt sich dadurch, daß bei einem Ablativus absolutus das Prädikat auch aus einem Nomen (Substantiv oder Adjektiv) gebildet werden kann. Dieses Nomen ist eine Art Prädikatsnomen bei fehlender Form des Hilfsverbs esse.

Der Nominal-abl. abs. bezeichnet stets die Gleichzeitigkeit.

Übersetzung zunächst durch Parenthese: Cicerone consule: – Cicero war Konsul –

Andere Übersetzungsmöglichkeiten: Neben-Satz mit „wobei, während" (wobei / während Cicero Konsul war) oder mit substantivischer Wendung (im Konsulat des Cicero)

---

1. Proelio equitum nostris militibus secundiore Caesar suos in castra reduxit.

   1. **secundior, secundioris:** günstiger, erfolgreicher

2. Patre nescio iter non fecimus.

   2. **nescius, a, um:** unwissend

3. Patre invito iter non feci.

   3. **invitus, a, um:** widerwillig, „dagegen"

4. Diu atque acriter pugnatur dubia victoria.

   4. **dubius, a, um:** zweifelhaft, nicht eindeutig

5. Te deprecatore id impetravi.

   5. **impetrare:** durchsetzen, erreichen
      deprecator, deprecatoris m.: Fürsprecher

6. Exigua parte aestatis reliqua Caesar in Britanniam navigare contendit.

   6. **exiguus, a, um:** klein, gering
      reliquus, a, um: übrig

7. Orgetorix M. Messala M. Pisone consulibus coniurationem nobilitatis fecit.

   7. **M. Messala, M. Piso:** römische Politiker

8. Orgetorige duce Helvetii constituerunt patriam relinquere.

   8. **constituere:** beschließen
      (constituo–constitui–constitutum)

9. *Cicero:* Ita me gessi, ut omnes urbe salva salvi essent.

   9. **se gerere:** sich verhalten
      salvus, a, um: heil, gesund, wohlbehalten

10. *Cicero:* Hostem vicistis me togato duce.

    10. **togatus:** mit der Toga bekleidet, „Zivilist"

11. Romani se numquam tutos fore putabant Hannibale vivo.

    11. **tutus, a, um:** sicher
       Hannibal, Hannibalis: Gegner Roms aus Karthago
       fore = futurus, a, um esse

12. Germani superiore parte corporis nuda pugnabant.

    12. **nudus, a, um:** nackt, bloß
       superior, superioris: der obere

Lingua
Latina

Nominal-Prädikativum /
Sonderform abl. abs.
→ N 65   → A 8

Lectio
21

ex
efef

97

Lingua
Latina

Nominal-Prädikativum /
Sonderform abl. abs.
→ N 65   → A 8

Lectio
21

➤ **Futur I**   a- und e-Verben: Zwischenelement **-b-** (Aussprechhilfen nötig: **-b-i-** bzw. **-b-u-** bzw. **-b-e-**)
i- und kons.Verben: Zwischenelement **-e-** (bei „ich": **-a-**)

---

manemus – manebimus	vocantur – vocabuntur	adiuvaris – adiuvaberis
datur – dabitur	moneor – monebor	vides – videbis
vocatis – vocabitis	ridet – ridebit	imitamur – imitabimur

mittunt – mittent	cognosco – cognoscam	venit – veniet
capitur – capietur	sequuntur – sequentur	defendis – defendes
patior – patiar	custodiunt – custodient	dormio – dormiam

laetus sum – laetus ero   onera gravia sunt – onera gravia erunt
contentae estis – contentae eritis dulce est – dulce erit

Bilden Sie die jeweilige Futurform:

1. cadunt	6. reveniunt	11. vocant	16. finio	21. expellitur
2. exspectamus	7. habetis	12. facis	17. ducuntur	22. duceris
3. terreris	8. imminent	13. movetur	18. munitur	23. laedimus
4. nocent	9. aggreditur	14. laetor	19. audior	24. muto
5. patefacit	10. mittitur	15. ostenditis	20. placet	25. premitur

---

➤ **Futur II**   Aktiv: Zwischenelement **-eri-** (bei „ich": **-er-**)
Passiv: Partizip der Vorzeitigkeit und Futurformen von esse

---

26. Si labores finiti erunt, gaudebimus.

27. Si id passus eris, tibi irascemur.

28. Si vesperi ad finem pervenero, multa videro.

29. Si diu quaesiveris, invenies.

30. *Arminius*: Non quiescemus, dum exercitus Romanus pulsus erit, dum Romanos fugaverimus, dum libertas restituta erit.

31. Quod didicisti, tibi usui erit.

    Quod didiceris, tibi usui erit.

26. **labor, laboris m.:** Arbeit, Mühe

27. **pati:** dulden, zulassen (patior–passus sum)
    irasci: zürnen (irascor–iratus sum)

28. **vesperi:** am Abend
    pervenire: gelangen

29. **quaerere:** suchen (quaero–quaesivi–quaesitum)
    invenire: finden

30. **quiescere:** ruhen (quiesco–quievi)
    fugare: vertreiben, verjagen
    dum: solange, bis
    restituere: wiederherstellen

31. **usus, us m.:** Nutzen, Gebrauch
    discere: lernen (disco–didici)

Lingua
Latina

Futur I und Futur II /
Unregelmäßige Verben
→ *T 91*   → *U 95*   → *Z 102*

Lectio
22

ex
efef

99

➤ **Unregelmäßige Verben / Verba defectiva**

Abweichungen gibt es gegenüber den regelmäßigen Verben nur im Präsensstamm.

1. Iniuriam non fertis. Hostes impetum non tulerunt.
2. A Helvetiis bellum infertur finitimis.
3. Omnia vobis rettulimus, referimus et referemus.
4. Superbia ista ferri non potuit. Utinam ferretur!

5. Itur in consilium. Itum est in consilium.
6. Flumen transibunt. Flumen transierant.
7. Facultas transeundi non erat.
8. Cum eo eo eo.
9. Pereat tristitia!
10. Consilia incredibilia inieratis.

11. Fiat lux!
12. Postulavit, ut lux fieret.
13. Impetus fit. Impetus factus est.
14. Saepe fiebat, ut civitates patriam relinquerent.

15. Nolens volens id feci. Nolumus id facere.
16. Dixit se venire posse, si vellem. Ire non vultis.
17. Proprium libertatis est sic vivere, ut velis.
18. Mavis carus esse quam metui.
19. Amicus ad colloquium venire noluit.

20. Id tibi non prodest. Id tibi prosit!
21. Hoc consilium nobis profuit.
22. Id facere non potes. Alii facere possunt.
23. Venire non potueras. Potesne nunc venire?

24. Incipiunt cantare. Coeperunt cantare.
25. Illius diei meminimus.

26. *Catull, nachdem seine Liebe zu Clodia wegen*
    deren Untreue zerbrochen war:
    Odi et amo. Quare id faciam, fortasse requiris.
    Nescio. Sed fieri sentio et excrucior.

---

1. **ferre:** tragen, ertragen (fero–tuli–latum)
2. **inferre:** hineintragen (infero–intuli–illatum)
3. **referre:** berichten (refero–rettuli–relatum)
4. **superbia:** Hochmut, Stolz

5. **ire:** gehen (eo–ii–itum)
6. **transire:** überschreiten (siehe ire)
7. **facultas, facultatis f.:** Möglichkeit, Fähigkeit
8. **eo:** dorthin
9. **perire:** zugrundegehen (siehe ire)
   tristitia: Traurigkeit
10. **inire:** hineingehen, beginnen (siehe ire)
    consilium inire: einen Beschluß fassen
11. **fieri:** gemacht werden, werden, geschehen
    (fio–factus sum)
    lux, lucis f.: Licht

15. **velle:** wollen (volo–volui)
    nolle: nicht wollen (nolo–nolui)
17. **sic:** so
18. **malle:** lieber wollen (malo–malui)
    metuere: fürchten (metuo–metui)
19. **colloquium:** Unterredung, Unterhaltung

20. **prodesse:** nützen (prosum–profui)

22. **posse:** können (possum–potui)
23. **-ne:** Einleitung einer Satzfrage (bleibt unübersetzt)

24. **incipere:** beginnen (incipio–coepi)
25. **meminisse:** sich erinnern

26. **odisse:** hassen
    quare?: warum?
    fortasse: vielleicht
    requirere: fragen (requiro–requisivi–requisitum)
    nescire: nicht wissen
    excruciare: quälen, peinigen

Lingua
Latina

Futur I und Futur II /
Unregelmäßige Verben
→ T 91   → U 95   → Z 102

Lectio
22

ex
efef

101

➤ Direkte oder unabhängige Fragen

(1) **Wortfragen** werden eingeleitet durch ein Fragewort. Die Antwort gibt Auskunft zum Inhalt des Frageworts.

> ➪ Quis hoc dixit?
> ➪ Cur non venisti?
> ➪ Quando me vidistis?

(2) **Satzfragen oder Entscheidungsfragen** zielen auf eine Antwort „ja / nein" und werden werden so eingeleitet:

- **ans erste Wort des Satzes angehängtes -ne**   ➪ Veniesne? Amicumne vidisti?
- **oder (wie im Deutschen) Satzmelodie bzw. Fragezeichen**   ➪ Id vidistis?
  (welche Antwort erwünscht ist, bleibt offen)
- **nonne** (Fragender erwartet „ja"): „... denn nicht?"   ➪ Nonne venies? Nonne verba didicistis?
- **num** (Fragender erwartet „nein"): „... etwa?"   ➪ Num venies? Num castra expugnata sunt?

(3) **Wahlfragen oder Doppelfragen** bieten für die Antwort dem Gefragten zwei Alternativen an und werden eingeleitet:

- **utrum A an B**   ➪ Utrum ambulabis an laborabis?
- **A-ne an B**   ➪ Ambulabisne an laborabis?
- **A an B**   ➪ Ambulabis an laborabis?

(4) **Rhetorische Fragen** werden eingeleitet durch Fragewörter, auf sie wird aber keine Antwort erwartet (Ausrufezeichen!)

> ➪ Quis hoc credidit! Quantus est dolor!
> ➪ Quotiens hoc tibi dixi!

(5) **Satzfragen**, die **mit „an" eingeleitet sind,** schließen sich an eine vorhergehende Aussage an („oder etwa?")

> ➪ Te defendi. An putas me te deserere voluisse?

(6) Eine **Dubitativ-Frage** ist eine zweifelnde, überlegende Frage:

- **im Konjunktiv GZ I: Frage bezieht sich auf Gegenwart** („Was soll ich sagen?")

> ➪ Quid faciam? Quo iter faciamus?

- **im Konjunktiv GZ II: Hypothese aus der Gegenwart für die Vergangenheit** („Wer hätte geglaubt?")

> ➪ Quid facerem? Quo iter faceremus?

➤ Indirekte oder abhängige (= berichtete) Fragen stehen stets im Konjunktiv

a) *Cicero:* Non ignoro, Catilina, quid superiore nocte feceris, ubi fueris, quem convocaveris, quae consilia nunc habeas, quando consules interfecturus sis.

b) Cicero cognoscit, quantam potestatem lex agraria paucis tributura sit.

c) *Cicero:* Nescio, utrum Rullus hoc insidiarum causa fecerit an hoc genere eloquentiae delectetur.
(insidiae, arum: Hinterhalt, Hinterlist; **eloquentia:** Beredsamkeit, Redegewandtheit)

d) Cicero ignorabat, utrum coniuratores urbem reliquissent necne.

e) Legatus rogavit, liceretne civibus ad cives legatos mittere.

f) Caesar ex tabellis intellegere potuit, quantus numerus hostium interfectus esset.
(tabella: Tafel, schriftliche Aufzeichnung)

Lingua
Latina

Fragesätze
→ *F 33*

Lectio
23

ex
efef

103

104

Lingua Latina

Lectio 24

Supinum I und Supinum II
Infinitiv der Nachzeitigkeit Passiv
Imperative

ex
efef

➤ Das Supinum I

Das Supinum I ist ein Verbal-Substantiv wie der Infinitiv, es hat die Form eines Akkusativs und bezeichnet das Ziel bzw. den Zweck einer Handlung, die meist in einer Bewegung besteht (Akkusativ = Kasus des Ziels!). Zum Supinum I kann ein Objekt treten.

1. Legati venerunt oratum Caesarem (... „zum Bitten", ... um Caesar zu bitten).
2. Homines in circum ierunt ludos spectatum.
3. Imperator exercitum reduxit hiematum.
4. Imperator revocatus est patriam defensum.

➤ Das Supinum II

Das Supinum II ist ein weiteres Verbal-Substantiv mit Infinitiv-Funktion, es hat die Form eines Ablativs und steht auf die Frage „in welcher Hinsicht" bei Adjektiven wie: gut, schlecht, angenehm, unangenehm, leicht, schwer, schön, häßlich.

5. Haec res facilis est intellectu (diese Sache ist leicht zu erkennen).
6. Britanni optimum factu putaverunt ...
7. Horribile dictu ...
8. Quid est iucundum visu et auditu?

➤ Der Infinitiv der Nachzeitigkeit Passiv: Supinum I + iri (= „gegangen werden ...")

9. Britanni speraverunt Romanos victum iri.
10. Spero me invitatum iri.   10. **invitare:** einladen
11. Speramus bella finita esse et nunc pacem paratum iri.
12. Cicero putabat coniurationem oppressum iri.
13. Speramus nos vobis persuasuros esse neque repudiatum iri.   13. **repudiare:** zurückweisen

➤ Die Imperative

Singular:	vóca!	víde!	aúdi!	mítte!	cápe!	
	laetáre!	pollicére!	assentíre!	útere!	pátere!	(Deponentien)
Plural:	vocáte!	vidéte!	audíte!	míttite!	cápite!	
	laetámini!	pollicémini!	assentímini!	utímini!	patímini!	(Deponentien)

Hinweis 1:
Ein verneinter Imperativ wird ausgedrückt:
- noli (wolle nicht) bzw. nolite (wollet nicht) + Infinitiv: Noli turbare circulos meos!
  Nolite desperare!
- ne + Konjunktiv VZ I (siehe Lektion 13): Ne dixeris me amicum!

Hinweis 2:
In Sprichwörtern, Regeln und Gesetzen gibt es noch einen Imperativ II (z. B. zu esse „esto!" und „sunto!"), der sich regelmäßig bei folgenden Verben findet:

Memento! = erinnere dich! du sollst daran denken!
Scito! = wisse! du sollst wissen!

Lingua Latina

Supinum 1 und Supinum II / Infinitiv der
Nachzeitigkeit Passiv / Imperative
→ S 89   → I 46   → I 44

Lectio
24

ex
efef

105

Caesar legatos ad Ariovistum misit cum his mandatis:

	direkte Rede	berichtete Rede = oratio obliqua	
Aussagesätze	„Hoc postulo."	**AcI:**	se hoc postulare
	„Iniuriam Haeduorum non neglegam."	**AcI:**	se iniuriam Haeduorum non neglecturum esse
	„Haedui amici mei sunt."	**AcI:**	Haeduos amicos suos esse
	„Tu iniuriam fecisti."	**AcI:**	eum iniuriam fecisse
Befehl / Aufforderung	„Desine alios vexare!"	**Konjunktiv:**	desineret alios vexare
	„Ne Haeduos iniuria lacessas neve sociis bellum inferas!"	**Konjunktiv:**	ne Haeduos iniuria lacesseret neve sociis bellum inferret
Frage	„Quid in animo habes?"	**indir. Frage:**	quid in animo haberet
	„Cur non ad colloquium venis?"		cur non ad colloquium veniret
Rhetorische Frage	„Quotiens hoc tibi dixi!"	**AcI:**	quotiens se ei hoc dixisse
Neben-Sätze	„Redde obsides, quos ab Haeduis habes!"	**Konjunktiv:**	redderet obsides, quos ab Haeduis haberet
	„Si id feceris, amicitia cum populo Romano erit."	**Konjunktiv:**	si id fecisset, amicitiam cum populo Romano futuram esse

Anmerkung: Welcher Konjunktiv in den Neben-Sätzen steht, richtet sich nach den Regeln der sogenannten Consecutio temporum (siehe dazu Lexikon-Grammatik).

Indirekte Reflexivität beachten! (siehe dazu Lektion 17)

Lingua Latina

Berichtete Rede (oratio obliqua)
Consecutio temporum
→ O 67 → C 21

Lectio 25

ex efef

107

108

Lingua Latina

Lectio 25

Berichtete Rede (oratio obliqua)
Consecutio temporum

ex efef

➤ **Übungsbeispiele zur oratio obliqua**

Caesar multa locutus est. Ad haec Ariovistus respondit:

1. Ius esse belli, ut ii, qui vicissent, iis, quos vicissent, quemadmodum vellent, imperarent.
2. Item populum Romanum victis non ad alterius praescriptum, sed ad suum arbitrium imperare.
3. Si ipse populo Romano non praescriberet, quemadmodum suo iure uteretur, non oportere se a populo Romano in suo iure impediri.
4. Haeduos sibi, quoniam belli fortunam temptavissent ac superati essent, stipendiarios esse factos.
5. Transisse Rhenum se non sua sponte, sed rogatum et arcessitum a Gallis.
6. Non se Gallis, sed Gallos sibi bellum intulisse.
7. Se prius in Galliam venisse quam populum Romanum.
8. Quid sibi vellet.
9. Cur Caesar in suas possessiones veniret.
10. Ut Caesar sibi non concederet, si in nostros fines impetum faceret, sic item eum esse iniquum, quod in suo iure se impediret.

loqui: sprechen (loquor–locutus sum)
respondere: antworten (respondeo–respondi–responsum)
1. **vincere:** siegen, besiegen (vinco–vici–victum)
   quemadmodum: wie
2. **item:** ebenso
   praescriptum: Vorschrift
   arbitrium: Gutdünken
3. **praescribere:** vorschreiben (siehe scribere)
   uti (m. Abl.): benützen, gebrauchen (utor–usus sum)
   oportet: es gehört sich (oportet–oportuit)
   impedire: hindern, behindern
4. **quoniam:** da ja
   temptare: versuchen, aufs Spiel setzen
   stipendiarius, a, um: tributpflichtig
5. **sua sponte:** aus eigenem Antrieb
   rogare: bitten, fragen
6. **inferre:** hineintragen (infero–intuli–illatum)
7. **prius:** früher, eher
8. **quid:** was
9. **cur:** warum   **possessio, onis f.:** Besitz(tum)
10. **ut – sic:** so – wie
    concedere: zugestehen (concedo–concessi–concessum)
    fines, finium m.: Grenzen, Gebiet
    iniquus, a, um: ungerecht

Multa a Caesare in eam sententiam dicta sunt, quare negotio desistere non posset:

11. Neque suam neque populi Romani consuetudinem pati, ut socios desereret.
12. Bello superatos esse Arvernos a Quinto Fabio Maximo, quibus populus Romanus ignovisset.
13. Quodsi antiquissimum tempus spectari oporteret, populi Romani iustissimum esse in Gallia imperium.

sententia: Meinung, Ansicht
quare: warum
negotium: Aufgabe, Verpflichtung
desistere: ablassen von (desisto–destiti)
11. **consuetudo, consuetudinis f.:** Gewohnheit
    pati: dulden, zulassen (patior–passus sum)
12. **ignoscere:** verzeihen (ignosco–ignovi)
13. **quodsi:** wenn aber
    spectare: schauen, betrachten

Locutus est pro principibus civitatum Diviciacus Haeduus:

14. Cum Haedui et Arverni tantopere de potentatu inter se multos annos contenderent, factum esse ut ab Arvernis Sequanisque Germani mercede arcesserentur.
15. Haeduos, qui plurimum ante in Gallia potuissent, coactos esse Sequanis obsides dare.
16. Unum se esse ex civitate Haeduorum, qui adduci non potuerit, ut iuraret aut liberos suos obsides daret.
17. Ob eam rem se ex civitate profugisse, quod solus neque iure iurando neque obsidibus teneretur.

pro (b. Abl.): für
princeps, principis m.: Fürst
14. **tantopere:** so sehr
    potentatus, us m.: Macht, Vormachtstellung
    merces, mercedis f.: Lohn
15. **posse:** können, vermögen (possum–potui)
    cogere: zwingen (cogo–coegi–coactum)
    obses, obsidis m.: Geisel
16. **adducere:** dazu bringen (adduco–adduxi–adductum)
    iurare: schwören (**ius iurandum:** Eid)
    liberi, orum: Kinder
17. **ob (b. Akk.):** wegen
    profugere: sich flüchten, fliehen (siehe fugere)
    tenere: halten, festhalten, binden (teneo–tenui)

Lingua
Latina

Berichtete Rede (oratio obliqua)
Consecutio temporum
→ O 67 → C 21

Lectio
25

ex
efef

109

➤ **Personalpronomina** → **P 73**

1. Amici mihi libenter adsunt neque me deserunt.
2. Nobis est magna cura amici.
3. Desiderium tui me occupat.
4. Nos aderamus, tu aberas.
5. Sibi quisque providet.
6. Nemo nostrum defuit.
7. Memores nostri este!
8. Amicus aegrotus est. Sibi donum exoptat.
9. Eum visito et ei donum apporto.

1. **libens, libentis:** gern
   libenter: gern (Adverb)
3. **desiderium:** Sehnsucht
4. **abesse:** weg sein, entfernt sein
5. **providere:** vorhersehen, sorgen für
6. **deesse:** fehlen
7. **memor, memoris:** eingedenk, sich erinnernd an
8. **exoptare:** wünschen
   aegrotus, a, um: krank

➤ **Possessivpronomina** → **P 75**

10. Gaudeo studio vestro (tuo).
11. Filiae meae (filiis nostris) omnia explico (explicamus).
12. Caesar adventum suum denuntiat. Helvetii adventum eius exspectant.
13. Helvetii patriam suam relinquunt. Patria eorum angustos fines habet.

11. **explicare:** erklären
12. **denuntiare:** ankündigen
13. **angustus, a, um: eng**

Gemeinsames Deklinations-Kennzeichen aller folgenden Pronomina: **-ius**   **im Genitiv Singular**
                                                                         -i   **im Dativ Singular**

➤ **Fragepronomina** → **F 32**

Substantivisch:
14. Quis hoc dixit? Quem vidisti?
15. Cuius consilium tibi profuit?
16. Quid in animo habes?

15. **prodesse:** nützen

Adjektivisch:
17. Quem amicum visitavisti?
18. Quae consilia cepisti?
19. Cuius regionis oppida visitabitis?
20. In qua urbe habitatis?
21. Quod consilium habes?

➤ **Relativpronomen:** siehe Lektion 12! → **R 81**

➤ **Demonstrativpronomina:** siehe Lektion 11! → **D 24**

Lingua Latina

Pronomina (Zusammenfassung)
➤ P 77   ➤ P 78

Lectio 26

ex efef

111

➤ **Indefinitpronomina**   ➤ **I 45**

aliquis, aliquid: irgendwer, irgendwas
(ohne Satzton: quis, quid)

1. Ex aliquo viam quaesivimus.
2. Aliquis mihi occurrit.
3. Si quis id dicit, mentitur.   *mentiri:* lügen
4. Aliquid audivi.

aliqui, aliqua, aliquod: irgend ein ...
(ohne Satzton qui, qua, quod)

5. Aliqui amicus mihi occurrit.
6. Aliquod oppidum visitabo.
7. Dic nobis, si quae facinora commiseris.

quisquam, quicquam: jemand
(in verneinten Sätzen)

8. Vix quisquam id vidit.
9. Omnes adfuerunt neque quisquam defuit.
10. Neque enim quisquam in Britanniam navigat praeter mercatores neque iis ipsis quicquam praeter oram notum est.

quidam, quaedam, quoddam: ein gewisser

11. Quidam mihi occurrit.
12. Quosdam homines admiror.
13. Quidam ex Belgis Caesarem secuti sunt.

(unus)quisque, (unum)quidque: jeder

14. Suum cuique.
15. Suae quisque fortunae faber est.
16. Optimus quisque cecidit.

quilibet, quidlibet: jeder beliebige
(quaelibet, quodlibet)

17. Quidlibet facio.
18. Quodlibet carmen me delectat.

➤ **Pronominaladjektive**   ➤ **P 79**

totus, a, um: ganz

19. Tota urbe tumultus fuit.
20. Principes totius Galliae ad Caesarem venerunt.

solus, a, um: allein

21. Tibi soli confido.

unus, a, um: ein (einziger)

22. Id unius hominis factum fuit.

uter, utra, utrum: wer (von beiden)

23. Utrum consulem hostes interfecerunt?

neuter, neutra, neutrum: keiner (von beiden)

24. Facta neutrius consulis reprehensa sunt.

uterque, utraque, utrumque: jeder (von beiden)

25. Utrique consuli honores tribuebantur.

nullus, a, um: kein ... (adjektivisch)

26. Nullo modo tibi persuadere possum.

ullus, a, um: irgend ein ... (adjektivisch)

27. Auxilium ullius hominis spero.

alter, altera, alterum: der eine, der andere

28. Duos amicos habeo. Alterius parentes Romae habitant, alterius Neapoli.

alius, a, um: ein anderer

29. Amicus me deseruit. Alium non inveniam. Ali non credam.

➤ **Genitiv:** *Kasus des Bereichs (Lexikon-Grammatik* ➔ *G 35)*

1. Iniuriam Romanorum hostes ulti sunt.
2. Iniuriam Romanorum hostes probaverunt.
3. Sitis libertatis nos occupat.
4. Admiratio naturae nos obligat.
5. Metus hominum magnus est. Metus belli eos occupat.

6. Quis vestrum hoc vidit?
7. Beatissimum omnium te putamus.
8. Nihil privati agri Germanis erat.

9. Magistratuum est omnibus civibus consulere.
10. Miseros adiuvare humanitatis est.
11. Sapientis est (sapientiae est) gravem sortem ferre.
12. Tuum (vestrum) est mihi adesse.

13. Rex magnae crudelitatis erat.
14. Classis decem navium mersa est.
15. Montem magnae altitudinis ascendimus.

16. Consul ambitus accusatur.
17. Reus capitis damnatur.
18. Romani crudelitatis saepe arguebantur.

19. Titulus Augusti Octaviano tributus est.
20. Anulus magni est.
21. Divitias multi homines parvi aestimant.

22. Me pudet facti mei.
23. Miseret nos pauperum.
24. Vos paeniteat facti vestri!

25. Memini tui.
26. Amicorum non obliviscemur.

---

1. **ulcisci: rächen** (ulciscor–ultus sum)

3. **sitis, sitis f.:** Durst
4. **admiratio, admirationis f.:** Bewunderung
5. **metus, us m.:** Furcht, Angst

7. **beatus, a, um:** glücklich
8. **nihil:** nichts

9. **consulere (m. Dat.):** sorgen für
10. **miser, misera, miserum:** elend, unglücklich
11. **sapiens, sapientis:** weise, klug (sapientia: Klugheit)
12. **adesse:** beistehen, helfen
13. **crudelitas, crudelitatis f.:** Grausamkeit
14. **classis, classis f.:** Flotte
   mergere: versenken (mergo–mersi–mersum)
15. **altitudo, altitudinis f.:** Höhe, Tiefe
   ascendere: besteigen (ascendo–ascendi–ascensum)
16. **ambitus, us m.:** Amtserschleichung
17. **reus:** Angeklagter
18. **arguere:** beschuldigen (arguo–argui)
   crudelitas, crudelitatis f.: Grausamkeit
19. **titulus:** Ehrentitel
20. **anulus:** Ring
21. **aestimare:** schätzen
   divitiae, arum: Reichtum
22. **pudet me:** ich schäme mich
23. **miseret me:** ich habe Mitleid mit, es tut mir leid um
   pauper, pauperis: arm
24. **paenitet me:** es reut mich, ich bereue
25. **meminisse:** sich erinnern
26. **oblivisci:** vergessen (obliviscor–oblitus sum)

➤ **Dativ:** *Kasus des „mitbetroffenen" Objekts, des Zwecks und der Wirkung (Lexikon-Grammatik* ➔ *D 22)*

28. Hoc mihi muneri dedisti.
29. Id tibi honori non est.
30. Id tibi exemplo sit!
31. Mihi multi libri sunt.
32. Condiciones mihi accipiendae non sunt.
33. Honori tibi tribuo, quod invitatus sum.
34. Magna onera toti provinciae imposita sunt.
35. Legatis de deditione agendum erat.

28. **munus, muneris n.:** Geschenk
29. **honor, honoris m.:** Ehre
30. **exemplum:** Beispiel
31. **liber, libri:** Buch
32. **accipere:** annehmen (accipio–accepi–acceptum)
33. **invitare:** einladen
34. **imponere:** auferlegen (impono–imposui–impositum)
35. **deditio, deditionis f.:** Kapitulation, Übergabe

➤ **Akkusativ:** *Kasus des Ziels, der Richtung, der räumlichen und zeitlichen Ausdehnung*
(Lexikon-Grammatik ➤ A 15)

1. Omnes pacem petunt.	1. **petere:** erstreben (peto–petivi–petitum)
	pax, pacis f.: Friede
2. Romam proficiscor, postea Rhodum navigabo.	2. **proficisci:** aufbrechen (proficiscor–profectus sum)
3. Nunc rus ibo. Cras domum redibo.	3. **rus:** aufs Land **cras:** morgen
	redire: zurückkommen (redeo–redii–reditum)
4. Te amicum puto. Itaque nihil te celo.	4. **celare:** verheimlichen
5. Romani Ciceronem consulem creaverunt.	5. **creare:** wählen
6. Philosophia nos artem bene vivendi docet.	6. **ars, artis f.:** Kunst
	vivere: leben (vivo–vixi–victum)
7. Aliquot dies in urbe moratus sum.	7. **aliquot:** einige
8. Paucos passus villa aberat.	8. **passus, us m.:** Schritt, Doppelschritt
	abesse: entfernt sein

➤ **Ablativ:** *Kasus des Ortes (Lokativ)*
Kasus der Trennung (Separativ)
Kasus des Mittels, der Begleitung (Instrumentalis / Sociativus)
(Lexikon-Grammatik ➤ A 7)

(1) Lokativ

9. Nos Corinthi versabamur, tu Athenis manseras.	9. **versari:** sich aufhalten
10. Amicus Neapoli et Romae fuerat.	**manere:** bleiben (maneo–mansi–mansum)
11. Domi manebo, dum tu ruri eris.	11. **dum:** während, solange
12. Toto orbe terrarum pax fiat!	12. **orbis, orbis m.:** Kreis
13. Eo loco diu moratus sum.	13. **morari:** sich aufhalten, verweilen
14. Illis temporibus factum est, ut ...	
15. Postero die urbem reliquimus.	15. **posterus, a, um:** nachfolgend
16. Scio, quid priore nocte feceris.	16. **scire:** wissen (scio–scivi–scitum)
	prior, prioris: früher, vorhergehend

(2) Separativ

17. Roma venio.	
18. Rhodo profectus est.	
19. Rure venisti. Nunc domo non excedes.	19. **excedere:** herausgehen, weggehen
20. Galli possessionibus pulsi sunt.	20. **possessio, possessionis f.:** Besitztum
21. Loco non cedemus.	21. **cedere:** gehen, weichen (cedo–cessi–cessum)
22. Liber metu non sumus, nemo curis vacat.	22. **vacare:** frei sein
23. Aditu prohibemur.	23. **aditus, us m.:** Zugang
24. Hostes commeatu interclusi sunt.	24. **commeatus, us m.:** Zufuhr, Nachschub
	intercludere: abschneiden (-cludo--clusi--clusum)
25. Hic equestri ordine ortus est, ille humili loco natus est.	25. **equester ordo:** Ritterstand (ordo, ordinis m.)
	humilis, humile: niedrig
26. Germanis non licuit longius anno uno loco incolere.	26. **licet, licuit:** es ist erlaubt
27. Id melle dulcius est.	27. **mel, mellis n.:** Honig

(3) Instrumentalis / Sociativus

1. Romani gladiis et scutis pugnabant.
2. Oculis videmus.
3. Etiam verbo alios laedere potes.
4. Castra vallo fossaque munita erant.

5. Dolo pugnare ne liceat!
6. Casa non vi deleta erat, sed casu conciderat.
7. Lacrimis pacem hostes petiverunt.
8. Magno dolore id tuli.

9. Officia deseritis mollitia animi.
10. Consulto senatus coniuratores in vincula iacti erant.

11. Par viribus tibi sum.
12. Virtute Helvetii reliquos Gallos antecedunt.
13. Gallorum gentes lingua, institutis, legibus
    inter se differebant.
14. Paucis diebus post id factum est.
15. Multo maior es quam amicus.
16. Hoc aedificium est dimidio minus quam illud.

17. Eodem animo estis atque nos.
18. Germani ingenti magnitudine corporum
    esse dicebantur.
19. Gracchus claris maioribus erat.
20. Ille, vir singulari prudentia, id statim intellexerat.

21. Illam villam parvo emimus, magno vendidimus.
22. Haec minimo constant.
23. Id minoris emi quam tu.
    Tum tanti vendidi quanti emeram.

24. Otio fruamur!
25. Consilio tuo libenter utor.
26. Officio fungi necesse est.
27. Lacte vescuntur.
28. Ille regno potitus est.
29. Omnibus rebus illis opus erat.

30. Laeti victoria non fuimus.
31. Contentus parvis rebus sis!
32. Viribus meis confisus id assequar.

33. Labore assueti erant.
34. Ille summo ingenio praeditus est.

---

1. **gladius:** Schwert   **scutum:** Schild
2. **oculus:** Auge
3. **laedere:** verletzen (laedo–laesi–laesum)
4. **munire:** befestigen

5. **dolus:** List, Hinterlist
6. **casa:** Hütte   **concidere:** einstürzen
7. **lacrima:** Träne
8. **dolor, doloris m.:** Schmerz

9. **mollitia:** Weichheit
10. **consultum:** Beschluß
    vinculum: Fessel

11. **par, paris:** gleich, ebenbürtig
12. **antecedere:** übertreffen (siehe cedere)
13. **institutum:** Einrichtung
    differre: sich unterscheiden, verschieden sein
14. **post (Adverb):** später

16. **dimidium:** Hälfte

17. **animus:** Geist, Gesinnung
18. **ingens, ingentis:** ungeheuer groß, riesig

19. **maiores, maiorum:** Vorfahren
20. **singularis, e:** einzigartig
    statim: sofort

21. **emere:** kaufen (emo–emi–emptum)
    vendere: verkaufen (vendo–vendidi–venditum)
22. **constare:** kosten (consto–constiti)
    tantum – quantum: soviel – wieviel

24. **frui:** genießen (fruor–fructus sum)
25. **libenter:** gern
26. **fungi:** verwalten (fungor–functus sum)
27. **lac, lactis n.:** Milch   **vesci:** sich ernähren
28. **potiri:** sich bemächtigen (potior–potitus sum)
29. **opus est:** es ist nötig, es ist Bedarf an

30. **laetus, a, um:** froh
31. **contentus, a, um:** zufrieden
32. **confisus, a, um:** im Vertrauen auf
    assequi: erreichen (assequor–assecutus sum)

33. **assuetus, a, um:** gewohnt an
34. **praeditus, a, um:** ausgestattet mit, begabt mit

Lingua Latina

Relativsätze (Ergänzung)
→ R 81   → R 82

Lectio 28

ex efef

115

➤ Verallgemeinerndes Relativpronomen

1. Quidquid agis, prudenter agas et respice finem!
2. Quascumque civitates adit, eas in sententiam suam
   Orgetorix perducit.
3. Quisquis (quicumque) id dixit, ei non credo.
4. Quaecumque necessaria erant ad profectionem,
   Helvetii comparaverunt.

1. **respicere:** auf etwas blicken, achten
2. **perducere:** hinführen, bringen

➤ Konjunktiv im Relativsatz

In Relativsätzen steht normalerweise der Indikativ: sie enthalten ein Faktum, geben eine nähere Beschreibung, Erläuterung oder dienen der Unterscheidung mehrerer Nomina. Sie sind also Attribut-Sätze.
Stehen Relativsätze im Konjunktiv, ist dies Ausdruck einer inneren Sinn-Beziehung:

● **Zweck, Absicht (finaler Relativsatz)**
  Übersetzung: ... der sollte (wollte); ... damit er (siehe dazu Lektion 13)
● **innere Abhängigkeit (subjektiver Konjunktiv)**
  Übersetzung: auch im Deutschen mit Konjunktiv (siehe dazu Lektion 13)
● **Grund (kausaler Relativsatz)**
  Übersetzung: ... der ja; ... weil er

5. Reus, qui innocens esset, damnatus non est.

5. **innocens, innocentis:** unschuldig

● **Folge (konsekutiver Relativsatz)**
  Übersetzung: mit Indikativ

6. Hoc dictum, ex quo nihil intellegi possit, non ignoro.
7. Dignus es, qui lauderis.

6. **dictum:** Ausspruch

● **Gegensatzverhältnis (konzessiver Relativsatz)**
  Übersetzung: ... die doch; ... obwohl sie

8. Homines deos verentur, quos numquam viderint.

8. **vereri:** verehren (vereor–veritus sum)

➤ Relativische Verschränkung

Der Relativsatz kann Teil einer Partizipial- oder Infinitiv-Struktur sein:

9. Amicum, quem aegrotum esse scio, visitabo.
   Übersetzungsmöglichkeiten:
   a) Ich werde den Freund besuchen, von dem ich weiß, daß er krank ist.
   b) Ich werde den Freund besuchen, der, wie ich weiß, krank ist.
   c) Ich werde den Freund besuchen, der meines Wissens krank ist.

10. Oppidum, quod illo saeculo conditum esse constat, deletum est.

10. **saeculum:** Jahrhundert

11. Caesar oppidum, quod hostes expugnavisse cognoverat, oppugnavit.

12. Catilina, cui multos adfuisse constat, coniurationem fecit.

13. Eas res quaeramus, quas habentes beati esse possumus.

14. Helvetii, quibus victis Caesar in Italiam contenderat, remigraverunt.

14. **remigrare:** in die Heimat zurückkehren

15. Amico, quo adiuvante id perfecimus, grati sumus.

15. **gratus, a, um:** dankbar

Beispielsatz:

Caesar paucos dies in finibus Sugambrorum moratus omnibus vicis incensis se in fines Ubiorum recepit atque ab iis cognovit Suebos nuntios in omnes partes dimisisse.

1. **Markierung der Informationszentren:** Prädikate unterstreichen

   Subjekte unterstricheln

   Zur besseren Übersicht empfiehlt es sich, farbig zu unterscheiden, etwa:

   rot = finite Aussagen
   grün = Partizipien
   schwarz = Infinitive

   Caesar paucos dies in finibus Sugambrorum moratus omnibus vicis incensis se in fines
   (rot + grün)   (grün)   (grün)   (grün)

   Ubiorum recepit atque ab iis cognovit Suebos nuntios in omnes partes dimisisse.
          (rot)   (rot)   (schwarz)   (schwarz)

2. **Übersetzung der markierten Informationszentren:**

   Caesar – er hatte sich aufgehalten – Dörfer waren angezündet worden – zog sich zurück und erfuhr, daß die Sueben losgeschickt hätten

3. **Zuordnung der Erweiterungen und vorläufige Übersetzung:**

   Caesar – er hatte sich wenige Tage im Gebiet der Sugambrer aufgehalten – alle Dörfer waren angezündet worden – zog sich in das Gebiet der Ubier zurück und erfuhr von ihnen, daß die Sueben Boten in alle Teile losgeschickt hätten.

4. **Überlegungen zur Struktur und zu Einzelausdrücken der Endübersetzung**

5. **Endübersetzung:**

   Caesar hatte sich wenige Tage im Gebiet der Sugambrer aufgehalten und zog sich nun, nachdem er alle Dörfer hatte anzünden lassen, ins Gebiet der Ubier zurück. Von ihnen erfuhr er, daß die Sueben Boten in alle Teilgebiete losgeschickt hätten.

Lingua Latina

Übersetzungstechnik
→ *Ü 92*

Lectio 29

ex efef

117

Übungsbeispiele zur Übersetzungstechnik

Nondum hieme confecta proximis quattuor coactis legionibus Caesar de improviso in fines Nerviorum contendit et, priusquam illi aut convenire aut profugere possent, magno pecoris atque hominum numero capto atque ea praeda militibus concessa vastatisque agris eos in deditionem venire atque obsides sibi dare coegit.

nondum: noch nicht
hiems, hiemis f.: Winter
conficere: vollenden (conficio–confeci–confectum)
proximus, a, um: der nächste
quattuor: vier
cogere: zusammenziehen, zwingen (cogo–coegi–coactum)
de improviso: unversehens, unvermutet
contendere: eilends marschieren (contendo–contendi)
priusquam: bevor
profugere: sich flüchten, fliehen (siehe fugere)
pecus, pecoris n.: Vieh
praeda: Beute
concedere: überlassen, zugestehen (siehe cedere)
vastare: verwüsten
deditio, deditionis f.: Übergabe, Kapitulation
obses, obsidis m.: Geisel

His cognitis rebus Caesar rem frumentariam providet, castris idoneum locum deligit. Ubiis imperat, ut pecora deducant suaque omnia ex agris in oppida conferant, sperans barbaros atque imperitos homines inopia cibariorum adductos ad iniquam pugnandi condicionem posse deduci.

cognoscere: erkennen, erfahren (cognosco–cognovi–cognitum)
res frumentaria: Getreideversorgung
providere (m. Akk.): Sorge treffen für etwas (provideo–providi–provisum)
idoneus, a, um: geeignet
deligere: auswählen (deligo–delegi–delectum)
deducere: wegbringen (deduco–deduxi–deductum)
conferre: bringen, tragen (confero–contuli–collatum)
barbarus, a, um: barbarisch, unzivilisiert
imperitus, a, um: unerfahren
inopia: Mangel
cibaria, orum: Lebensmittel
adducere: verleiten, dazu bringen (adduco–adduxi–adductum)
iniquus, a, um: ungleich, ungünstig
condicio, condicionis f.: Bedingung

➤ **Bei der jeweiligen Begegnung mit einzelnen sprachlichen Phänomenen der lateinischen Sprache ist zu beachten: Form – Funktion – Entsprechung im Deutschen**

➤ **Nomina**

(1) Substantive
- Kasus – Numerus? (falls durch ein Adjektiv erläutert: Genus?)
- Funktion des Kasus und Übersetzungs-Struktur im Deutschen

(2) Adjektive
- Kasus – Numerus – Genus?
- Zuordnung zu einem Substantiv (das es erläutert oder näher kennzeichnet und zu dem es eine KNG-Kongruenz hat) ...
  ... oder alleinstehend (substantiviert)?
- Adjektiv-Form (dekliniert in KNG-Kongruenz zu einem Substantiv) ...
  ... oder in Adverb-Form (unveränderlich zu einem Prädikat gehörend) ?
- Steigerungsform?

(3) Pronomina
- Kasus – Numerus – Genus?
- Zuordnung zu einem Substantiv (adjektivisch gebraucht) ...
  ... oder alleinstehend (substantivisch gebraucht) ...
  ... oder „Stellvertreter"?

➤ **Verben**

(1) Finite Verbformen
- Formanalyse: Veränderung in Person – Zahl – Tempus – Modus – Genus
- Deponentien: passive Form – aktivische Übersetzung

(2) Infinite Verbformen (Nominal-Formen des Verbs)

nd-Formen
- Gerundium: Verbalsubstantiv – Erweiterung durch Objekt und Adverb
- Gerundivum: Verbaladjektiv – Erweiterung durch Adverb

Partizipien
- Partizip der Gleichzeitigkeit Aktiv?
  Partizip der Vorzeitigkeit Passiv?
  Partizip der Nachzeitigkeit Aktiv?
- Zeitverhältnis beachten!

Lingua Latina

memoria tenenda:
Kurzkompendium

Lectio 30

ex efef

119

Partizipien	•	Zuordnung zu einem Nomen oder substantivisch gebraucht?
	•	Participium coniunctum oder Ablativus absolutus?
	•	Partizip VZ + Formen von esse = Passiv im Perfekt, Plusquamperfekt, Futur II

Infinitive	•	Infinitiv der Gleichzeitigkeit? Infinitiv der Vorzeitigkeit? Infinitiv der Nachzeitigkeit?
	•	Zeitverhältnisse beachten!
	•	AcI oder Solitär? (Entscheidung hängt vom Auslöser-Verb für Infinitiv ab) Indirekte Reflexivität beachten!
	•	Supinum I und II

➤ Subjunktion

- Bedeutung: Sinnverknüpfung eines Neben-Satzes mit einem Basis-Satz

- Indikativ oder Konjunktiv?
  Wenn Konjunktiv nicht durch Subjunktion bedingt (= „automatischer" Konjunktiv), sondern durch eine subjektive Argumentation, dann ist er auch im Deutschen mit Konjunktiv zu übersetzen)

- Indirekte Reflexivität im konjunktivischen Nebensatz beachten!

➤ Präposition

- Sinneinheit mit Nomen im festgelegten Kasus

➤ Fragesatz

- Frageart (Wortfrage, Satzfrage, Doppelfrage, rhetorische Frage, Dubitativ-Frage)
- Konjunktiv im indirekten Fragesatz: indirekte Reflexivität beachten!

➤ Relativsatz

- Bezugswort, zu dem der Relativsatz eine Erläuterung gibt?
- Konjunktiv im Relativsatz (welcher? Dann indirekte Reflexivität beachten!)

➤ Informationsstrukturen

„rot"	•	Prädikat	= finite Verbform
		Subjekt	= Nomen im Nominativ oder im Prädikat enthalten
„grün"	•	Prädikat	= Partizip
		Subjekt	= Nomen im beliebigen Kasus
„schwarz"	•	Prädikat	= Infinitiv
		Subjekt	= Nomen im Akkusativ (AcI)
		kein Subjekt	= Solitär (NcI)